BERLIN-NEUKÖLLN

ALS IN RIXDORF NOCH MUSI

SUTTON VERLAG

Neben dem alten Amtshaus an der Berliner Straße / Ecke Schönstedtstraße entstand 1907/08 für die immer größer werdende Stadt Neukölln das neue Rathaus nach Entwürfen von Reinhold Kiehl, das bis 1914 noch erweitert wurde. Mit seinem imposanten 67 Meter hohen Uhrenturm, auf dem am 5. November 1908 die goldene Glücksgöttin vom Bildhauer Joseph Rauch, hier noch im Baugerüst, enthüllt wurde. Die Aufnahme entstand von der Erkstraße.

Ralf Schmiedecke

Die Reihe Archivbilder

BERLIN-NEUKÖLLN

ALS IN RIXDORF NOCH MUSIKE WAR

SUTTON VERLAG

In der Mitte des Planes von Groß-Berlin-Südost um 1908 findet sich der nördliche Teil des 1920 gebildeten Bezirks Neukölln mit dem stark bebauten und besiedelten Nord-Neukölln (bis 1912 Rixdorf), südlich davon Neu-Britz und das Dorf Britz. Auch Flächen von Buckow am unteren rechten Bildrand sind zu sehen und südlich davon liegt Rudow, hier jwd, wie der Berliner sagt, also „janz weit draußen".

Sutton Verlag GmbH
Hochheimer Straße 59 | 99094 Erfurt
www.suttonverlag.de

ISBN: 978-3-95400-272-6
Druck: Beltz Bad Langensalza GmbH

INHALTSVERZEICHNIS

DANKSAGUNG UND BILDNACHWEIS

Bedanken möchte ich mich bei den Händlern der Flohmärkte Am Kupfergraben, u.a. bei der Empore Kahl, am Ostbahnhof, in der Straße des 17. Juni sowie bei Christine und Herbert Muser in Berlin-Reinickendorf. Für die Recherchen und Mitarbeit sowie die kritische Durchsicht der Texte und Bildkommentare danke ich Andrea Lieeis, Peter-Alexander Bösel und Michael Thomas Röblitz. Mein Dank geht auch an Hella Kiefer, Klaus Dietz und Eike Schulze. Besonderer Dank gebührt dem Neuköllner Urgestein und Historiker Jürgen Krause samt seiner Familie.

Alle Bilder stammen aus dem Bildarchiv des Autors.

Anlässlich der 600-Jahr-Feier von Rixdorf-Neukölln entstand dieses Foto am 26. Juni 1960 im Körnerpark. Die große Wiese erhielt einen Blumenschmuck mit dem Neuköllner Bezirkswappen. Kurz nach der Stadtgründung 1899 gab es die Forderung nach einem Wappen, das am 29. Mai 1903 auf königlichen Erlass hin verliehen wurde. Es zeigt im oberen geteilten Schild den Hussitenkelch und den Brandenburger Adler sowie im Halbrund das Johanniterkreuz.

EINLEITUNG

Dieser Bildband soll an die gute alte Zeit erinnern, aber auch den Alltag widerspiegeln, der für die Menschen nicht immer so einfach war. Abwechslung gab es sonntags, wenn man das Amüsement suchte. Im Gassenhauer „Der Rixdorfer", mit seiner böhmischen Melodie von 1866, heißt es, dass der Hans zu seiner Rieke nach Rixdorf bei Berlin fährt. Mit der Musike wurde nach der Rixdorfer Polka zum Tanz aufgespielt. Neben den hier frisch gebrauten Rixdorfer Bieren trank man auch die 1906 durch Ludwig Scholvien kreierte alkoholfreie Rixdorfer Fassbrause.

Noch heute erinnert die Gegend um den Richardplatz an den Ursprung des heutigen Bezirks Neukölln, der aus Neukölln-Nord und den Dörfern Britz, Buckow und Rudow im Jahre 1920 vereinigt und als 14. Verwaltungsbezirk von Groß-Berlin gebildet wurde. Auch nach der großen Berliner Bezirks- und Verwaltungsfusion im Jahre 2001 blieb Neukölln selbstständig. Nur die Gropiusstadt wurde zum eigenen Ortsteil erhoben. Der heutige VIII. Verwaltungsbezirk von Berlin mit einer Fläche von 44,9 Quadratkilometern zählt mit rund 307.000 Einwohnern zu den am dichtesten besiedelten Gegenden Berlins. Etwa die Hälfte wohnt in Neukölln-Nord, das aber nur 26 Prozent der Gesamtfläche des Bezirkes ausmacht.

Im Rahmen der deutschen Besiedlung des Teltows Ende des 12. und Anfang des 13. Jahrhunderts entstand der Gutsbezirk und spätere Ort Richardsdorp. Die Ansiedlung lag zwischen den drei Herrschaftsgebieten der Markgrafen von Brandenburg, des slawischen Fürsten Jaxa von Köpenick, das später in den Machtbereich der Kurfürsten von Meißen überging, und der Herzöge von Pommern. Hier herrschte als neutrale Institution der geistliche Templerorden. 1312 wurde dieser von Papst Clemens V. aufgelöst und Richardsdorp kam in den Besitz des Johanniterordens. In der Gründungsurkunde vom 26. Juni 1360 wurde der Ordenshof von Hermann von Werberg, einem Hochmeister des Johanniterordens und Stadthalters in der Mark Brandenburg, sowie von Dietrich von Sasar, dem Komtur des Ordens, zu einem Dorf ausgebaut. Der Name geht vermutlich auf den Tempelritter Richard zurück. Aus Richardsdorf wurde später Ricksdorf und dann Rixdorf.

Nach der Ansiedlung böhmisch-evangelischer Glaubensflüchtlinge unter König Friedrich Wilhelm I. entstand 1737 Böhmisch-Rixdorf, das mit Deutsch-Rixdorf am 1. Januar 1784 vereinigt wurde.

Der Aufstieg Rixdorfs begann in der Mitte des 19. Jahrhunderts mit der Industrialisierung. Es wurde Massenwohnraum für die Arbeiter errichtet, vor allem im Gebiet der Rollberge, wie er schon in anderen Gebieten, bspw. südlich des Kottbusser Tores, als anspruchslose Mietskasernen für das Proletariat entstanden war. Rixdorf mit seinen bereits 80.000 Einwohnern erhielt unter dem ersten Amtsvorsteher Hermann Boddin im Jahre 1899 die Stadtrechte, wofür eine Entschädigung von 700.000 Mark an den Kreis Teltow zu zahlen war. In dieser Zeit entstanden viele prächtige Bauten, u. a. das neue Rathaus und weitere Repräsentativbauten von Reinhold Kiehl, sowie bessere Wohnquartiere auf größeren Straßengrundrissen. Trotzdem nahmen um die Jahrhundertwende Kriminalität, Verfall und Verschmutzung drastisch zu und der Name Rixdorf geriet in Verruchtheit. Deshalb wurde am Morgen des Kaisergeburtstages, dem 27. Januar 1912 um 7:30 Uhr Rixdorf in Neukölln umbenannt. Mit der Namensänderung wurde Bezug auf den südlich der Insel Cölln gelegenen Vorort „Neu-Cölln am Wasser" genommen. Die Köllnische Heide verband ursprünglich sogar beide Orte.

Obwohl die erste Dorfkirche Britz bereits um 1250 errichtet wurde, findet sich der Name Britz erstmals 1305 in der Nennung von Heinricus de Bryzk. Der märkische Dorfname entstammt dem slawischen Wort „břiza" für den Laubbaum Birke. Siebzig Jahre später wird es im Landbuch Kaiser Karls IV. aufgeführt. Seinerzeit hatte Britz 58 Hufen, von denen O. Britzke mit zehn Hufen, der größte Besitzer im Ort war. Nachweislich waren die Mitglieder der Familie Britzke von 1369 bis etwa 1660 als Dorfherren benannt. Auch hier siedelten nordböhmische Handwerker, vor allem nördlich an der Gemarkungsgrenze zu Rixdorf, wo die Siedlung Neu-Britz entstand. Das Britzer Schloss war ursprünglich das das im 15. Jahrhundert errichtete Gutshaus der Famlie Britzke, das um 1700 abbrannte. 1706 entstand unter dem Feldmarshall Sigismund von Erlach das heutige Herrenhaus. Der Bankier und Spirituosenfabrikant Wilhelm August Julius Wrede (1822–1895) erwarb das Anwesen 1865, das als Rittergut Britz bezeichnet wurde. Zwischen 1925 und 1933 entstand im Rahmen des Neuen Bauens die Fritz-Reuter-Stadt in vier Bauabschnitten. Heute ist sie unter dem Namen Hufeisensiedlung bekannt und wurde 2008 zu einem Teil des UNESCO-Weltkulturerbes „Berliner Siedlungen der Moderne" erhoben. Diese ersten Bauprojekte des sozialen Wohnungsbaus entstanden nach Plänen der Architekten Bruno Taut und Martin Wagner. Viele Straßen der Siedlung wurden nach Figuren aus Romanen von Fritz Reuter benannt.

Buckow wurde um 1230 als Angerdorf von deutschen Siedlern gegründet und die erste Dorfkirche Ende des 13. Jahrhunderts erbaut. Auch wenn archäologisch keine slawischen Spuren gefunden wurden, geht der Ortsname höchstwahrscheinlich auf das slawische Wort „buk" für Rotbuche zurück. Urkundlich wurde Buckow 1373 erstmals erwähnt und im Buch Karls IV. mit 52,5 Hufen Fläche ausgewiesen. Einen gewissen Wohlstand muss es dort gegeben haben, da es früher einen Dorfkrug und eine Windmühle hatte. Auch die Kirche wurde kostenaufwendig errichtet. 1806 hielten französische Truppen Buckow für vier Jahre besetzt. Die Buckower Feldmark erstreckt sich weitläufig von West (Buckow 1) nach Ost (Buckow 2), die heute noch so heißen. Viele der Buckower Ackerflächen wurden erst nach 1950 mit neuen Wohnsiedlungen bebaut. Die Gegend um den Quarzweg und westlich davon wird als Neu-Buckow bezeichnet. Größtenteils entstand auf dem Areal von Buckow die Gropiusstadt.

Der Berliner Bürgermeister Willy Brand legte am 7. November 1962 den Grundstein für den Bau der Hochhaussiedlung Britz-Buckow-Rudow (BBR), die 1972 in Gropiusstadt umbenannt und 2002 sogar zu einem eigenen Ortsteil wurde. Um Altbauquartiere in der 1961 entstandenen West-Berliner Innenstadt mit mehr Licht, Luft und Sonne als Sanierungsprogramme verwirklichen zu können, mussten erst Ersatzwohnungen erbaut werden. Auf einem Areal von 520 Hektar wurden Wohnungen für 10.000 Menschen errichtet. Namhafte Architekten, u.a. der Mitbegründer des Bauhauses Walter Gropius (1883–1969), waren beteiligt. Nach Erweiterungen des Neubaugebiets wohnen hier heute 35.000 Menschen. In dieser Gegend steht auch das höchste Wohnhaus Berlins. Eigens zur Einbindung „in die Stadt" wurde die U-Bahn-Linie 7 von der Grenzallee zum 6,2 Kilometer entfernten, vorläufigen Endbahnhof Zwickauer Damm am 2. Januar 1970 in mehreren Etappen eröffnet. 90 Prozent der Wohnungen entstanden im sozialen Wohnungsbau. Fehlende Urbanität und wenige kulturelle Einrichtungen machten die Trabantenstadt schon bald zu einem sozialen Brennpunkt. Zu dieser Zeit entstand auch der Film „Christiane F. – Wir Kinder vom Bahnhof Zoo" über Christiane Felscherinow. Sie selbst wohnte zu jener Zeit im Haus Reuterstraße 63 nahe der Sonnenallee.

Auch Rudow, das südlichste Dorf des Bezirks, wurde 1373 erstmals urkundlich erwähnt. Fundstücke aus Grabungen weisen bereits auf eine spätslawische Besiedlung vor 1200 hin. Das Straßendorf hat zwei Parallelstraßen, die auf zwei unterschiedliche Siedlungskerne hinweisen. Der Name leitet sich von der polabischen Grundform „Rudov" zum slawischen „Ruda" ab, das rote Erde oder Eisenstein bedeutet. Die bewirtschaftete Fläche wurde 1375 mit 64 Hufen angegeben, die sehr unterschiedliche Eigentümer hatten. Das Dorf hatte zudem 16 Kossätenhöfe, einen Krug und eine Mühle. Zunächst noch im Besitz des Markgrafen, kam die Dorfherrschaft später an das kurfürstliche Amt Köpenick. Zwischenzeitlich ging das Gut an einen Herrn von Heydekamp. Von 1811 bis 1872 gehörte Rudow dem Amt Mühlenhof. Vornehmlich landwirtschaftlich und von kleinen Handwerksbetrieben geprägt entstand am 1906 eröffneten Teltowkanal auch Industrie. In Verlängerung der Station Zwickauer Damm bekam der Dorfkern Rudow am 1. Juli 1972 seinen eigenen U-Bahn-Anschluss. Der Dörferblick entstand, nachdem der 1958 eröffnete Trümmerberg und spätere Deponieberg abgedichtet und kultiviert worden war. Seit den 1970er-Jahren hat man aus 58 Meter Höhe einen schönen Ausblick auf die drei brandenburgischen Dörfer Groß-Ziethen, Waßmannsdorf und Schönefeld, die bis 1989 noch hinter der Berliner Mauer lagen.

Hauptverkehrsadern im Bezirk sind die Straßenzüge Kottbusser Damm, Hermannstraße, Britzer und Buckower Damm, die Hasenheide, Karl-Marx-Straße, Buschkrugallee, Rudower Straße, Neuköllner Straße und Waltersdorfer Chaussee sowie die Sonnenallee. Sämtliche Straßenzüge treffen auf den Hermannplatz. Zu den öffentlichen Verkehrsmitteln kommen neben zahlreichen Buslinien ein Teil des S-Bahn-Rings und der Ast nach Königs Wusterhausen, sowie die U-Bahn-Linien 7 und 8. Auch zahlreiche Schiffswege wie Teltowkanal, Britzer Zweigkanal, Neuköllner Schifffahrtskanal mit dem Ober- und Unterhafen gehören dazu.

Während des Zweiten Weltkriegs wurden im Bezirk acht Prozent der Bebauung zerstört und vier Prozent stark beschädigt. Ab 25. April 1945 besetzte die Rote Armee den Bezirk. Seit 13. Juli 1945 gehörte Neukölln zum amerikanischen Sektor von West-Berlin. Von 1961 bis 1990 war der Bezirk östlich und südlich von der Berliner Mauer umgeben. Partnerbezirk war ab 1966 der angrenzende Ost-Berliner Bezirk Treptow. Um 1970 wurden in Neukölln noch rund 590 Hektar Fläche landwirtschaftlich genutzt und rund 31,8 Prozent der Bezirksfläche bebaut. In der Nachkriegszeit entstanden auch moderne Siedlungen in Nord-Neukölln jenseits der Sonnenallee. Bemerkenswert ist die aus den 1970er-Jahren stammende High-Deck-Siedlung, die autofrei und kinderfreundlich mit begrünten Plateaus im Rahmen eines städtebaulichen Wettbewerbs entstand.

Trotz vieler sozialer Spannungen, kultureller Schwierigkeiten und häufig negativer Medienberichte leben die Menschen aus mittlerweile über 145 Nationalitäten gern in ihren Neuköllner Kiezen.

BIBLIOGRAFIE

BAEDEKER, KARL: *Der große Baedeker Berlin,* Baedeker, Freiburg 1986.

BEZIRKSAMT NEUKÖLLN VON BERLIN, ABTEILUNG BAU- UND WOHNUNGSWESEN: *Architekt Reinhold Kiehl. Stadtbaurat in Rixdorf bei Berlin,* Verlag Günter Darge, Berlin 1987.

BORCHMANN, HEINZ UND LANGE WOLFGANG: *Richardsdorf-Rixdorf-Neukölln, Ein Bauerndorf wird Großstadtbezirk,* Kulturbuchverlag, Berlin 1954.

Die neuen Bezirke (ab 1. Januar 2001), Edition Gauglitz, Berlin 2000.

Britzer Heimatgeschichten, Gemeindebriefe der Dorfkirche Britz, Berlin-Britz Ausgaben Februar 1979 bis Dezember 2000.

ESCHER, FELIX: *Neukölln, Band 3,* Colloquium Verlag, Berlin 1988.

GEIST, JOHANN FRIEDRICH UND KÜRVERS, KLAUS: *Das Berliner Mietshaus.* Band 2, 1862–1945, Prestel-Verlag, München 1984.

Kauperts Straßenführer durch Berlin, Kaupert Verlag, Deutsche Adressbuch-Gesellschaft, Berlin 1949.

KLOSS, KLAUS-PETER: *Siedlungen der 20er Jahre,* Haude & Spenersche Verlagsbuchhandlung, Berlin 1982.

KRUMHOLZ, WALTER: *Berlin ABC,* Verlag Dokumentation, Berlin und München 1969.

MOTEL, MANFRED: *Chronik von Rixdorf,* Förderkreis Böhmisches Dorf in Berlin-Neukölln e.V. im Auftrag des Bezirksamtes Neukölln von Berlin, Berlin 1999.

SCHMIEDECKE, RALF: *Berliner Feuerwehr,* Sutton Verlag, Erfurt 2009.

SEMMEL, LOTHAR UND ERNDE, CHRISTA: *Auf Britzer Sand gebaut: Die Geschichte der Löwenhäuser,* Berlin Story, Berlin 2010.

VOGEL, WERNER: *Berlin und seine Wappen,* Ullstein Verlag, Berlin und Frankfurt/Main 1987.

WÜNSCH, FALK R.: *Neukölln, Alte Bilder erzählen,* Sutton Verlag, Erfurt 1998.

Eine sehr bemerkenswerte Aufnahme von „Kreuzkölln", die heute niemand mehr erkennen würde. Noch sehr idyllisch und landwirtschaftlich geprägt zeigt sich die Gegend um den Hermannplatz um 1834 auf einem Ölgemälde von Wilhelm Barth (1779–1852). Schnell erreichte Berlin mit seinem Mietkasernenbau entlang des Kottbusser Damms auch die „Eingangspforte Neuköllns", den Hermannplatz.

1

VON RIXDORF NACH NEUKÖLLN

Blick auf den östlichen Teil des Richardplatzes mit der 1912 benannten Bethlehemskirche an der Schudomastraße um 1916. Ursprünge der Rixdorfer Dorfkirche gehen bis vor das Jahr 1435 zurück. Nach einem Brand 1693 wurde sie auf ihren spätgotischen Grundmauern mit verputzten Feldsteinen neu errichtet. 1757 wurde sie erhöht, bekam einen verbretterten Dachturm und ihr barockes Aussehen. Die Fachwerksakristei und Vorhalle kamen 1885 bis 1887 hinzu.

Auf dem Richardplatz gelegen, befindet sich noch heute die alte Böhmische Dorfschmiede. Diese idyllische Ansicht, mit dem noch stark begrünten Anger, entstand um 1900. Links ist die Schmiede, deren Wurzeln bis ins Jahr 1624 zurückreichen. Hier stellte man Ackergeräte her, reparierte Werkzeuge und beschlug die Hufe der Pferde. Ihre Pforten öffnet die Schmiede noch heute, besonders stimmungsvoll beim traditionellen Rixdorfer Weihnachtsmarkt.

Hier präsentieren sich die böhmischen Siedler in Rixdorf in ihren typischen Trachten, um 1900. Das Böhmische Dorf, tschechisch: Český Rixdorf, war eine 1737 gegründete kleine protestantische Flüchtlingsgemeinde, die auf Anregung Friedrich Wilhelms I. aus Böhmen auch nach Rixdorf emigrierte. Aus der 1360 gegründeten Gemeinde Richardsdorp, später Deutsch-Rixdorf, und Böhmisch-Rixdorf gingen der Ortsteil und der Bezirk Neukölln hervor.

Der Betsaal der böhmisch-mährischen Brüdergemeinde wurde am 28. September 1761 geweiht. Das Gotteshaus der Herrnhuter Gemeinde in der Kirchgasse 14 (einst Schmale Gasse) wurde am 2. Januar 1944 stark beschädigt. Links sind die Scheunen der Büdnerhäuser zu sehen. Das Foto entstand vermutlich um 1920. 1937 wurde die vormalige Goethestraße nach der sächsischen Stadt Herrnhuth im Landkreis Löbau-Zittau umbenannt.

Rechts die beiden großstädtischen Mietshäuser am Richardplatz 7 und 8, anno 1906. Das Gebäude Nr. 7 wurde 1903 erbaut und hat seine Fassadenpracht zurückerhalten. Das Vorderhaus der Nr. 8 wurde im Zweiten Weltkrieg zerstört. Dahinter schließt sich heute der Comenius-Garten an. Er entstand auf dem Gelände der 1905 errichteten berüchtigten Mietskaserne Richardsburg in der Richardstraße 35, die 1971 abgebrochen wurde.

Eine außergewöhnliche kulturelle und lukullische Institution befindet sich am Richardplatz 5 / Ecke Richardstraße. Hier ist seit 1984 das österreichische „Café-Restaurant Louis" ansässig. Familie Alois Offner wirbt mit ihren Spezialitäten und damit, die größten Schnitzel von Berlin zu servieren. Meist sehen dort die Augen auf den Megatellern mehr, als der Magen verträgt. Aber darauf sind die Wirtsleute kundenfreundlich mit Alufolie gewappnet. Bild um 1920.

Am Rande des Richardplatzes mit der ersten Hausnummer erwuchs an der Ecke zur Hertzbergstraße 32–33 ein großstädtisches Mietgebäude mit dem klingenden Namen „Haus Linde". Der Maurermeister Carl Linde hatte es 1906 erbaut und hier später sein Baugeschäft eingerichtet. Links auf dem Bild von 1910 befand sich die Bäckerei und Konditorei von Wilhelm Zoufall. Im Eckladen war zu jener Zeit die Schankwirtschaft von Wilhelm Schramm.

Die Schudomastraße in Höhe Böhmische Straße auf einem Foto aus den 1930er-Jahren. Benannt wurde sie 1906 nach dem Kommunalpolitiker Johann Schudoma (1840–1903), der als einziger Landwirt böhmischer Herkunft von 1874 bis 1899 im Rixdorfer Gemeindevorstand wirkte. Danach war er bis zu seinem Tode Stadtverordneter. Er wurde auf dem Böhmischen Gottesacker begraben.

Die Niemetzstraße im Jahre 1931 von der Thüringer Straße (seit 1964 Braunschweiger Straße) in Richtung Böhmischer Platz gesehen. Links die Gastwirtschaft „Zum Guten Schoppen" von Ernst Jost. Sämtliche Gebäude sind heute noch erhalten. Daniel Benjamin Niemetz (1833–1910) war Rixdorfer Gärtnereibesitzer und Kommunalpolitiker.

Urgemütlich ging es im Ausschank „Münchener Brauhaus“ von Adolf Rissmann zu. Hier steht er mit seiner Familie vor der Ladentür des Hauses Böhmische Straße 6–7 / Ecke Drorystraße anno 1915. Die Drorystraße wurde zu Ehren des Berliner Ingenieurs und Unternehmers Eduard Drory (1844–1904) am 18. Januar 1906 benannt. Er war Direktor der englischen Gasanstalten der Imperial-Continental-Gas-Association und unterstützte Rixdorf 1878 beim Bau einer ebensolchen.

Noch heute ist die ursprüngliche Bebauung der Thüringer- / Ecke Kanner Straße erhalten. Der hier im Jahre 1909 noch vorhandene Fassadenschmuck und die Dachlandschaften sind leider verloren gegangen. Die seit 1895 benannte Thüringer Straße wurde zusammen mit Teilen der Kanner und Teupitzer Straße bis zur Sonnenallee am 1. Juni 1964 in Braunschweiger Straße, nach der niedersächsischen Stadt Braunschweig an der Oker, benannt.

Die kurze Zeitzer Straße mit ihren sechs Hausnummern zwischen Braunschweiger und Saalestraße wurde am 20. Februar 1901 nach der Stadt Zeitz im sächsisch-anhaltinischen Burgenlandkreis benannt. Auf dem Foto von 1911 ist das heute noch vorhandene Mietshaus Nr. 5 zu sehen. Hier befanden sich seinerzeit die Kolonialwarenhandlung der Handelsfrau Pauline Thieme und die Gastwirtschaft von Otto Rothe.

Der im Volksmund sogenannte „Galgen“ war eine Holzstiegenüberführung der Ringbahn am Bahnhof Neukölln. Er war nur für Fußgänger errichtet worden. Gespanne mussten einen langen Umweg über Rampen nehmen, die westlich des Bahnhofs gelegen waren. 1890 wurde die Bahntrasse auf einen aufgeschütteten Damm verlegt und am einstigen Galgenstandort die Brücke über die Bergstraße (Karl-Marx-Straße) errichtet. Hier der Bahnhofsvorplatz anno 1913.

Mit besonders schön gestalteten und verzierten Mietshäusern war die Saalestraße zwischen Bergstraße (Karl-Marx-Straße) und Elsterstraße bebaut. Die Aufnahme von 1915 zeigt die Saalestraße am Bahnhof Neukölln. Rechts ist der Bahnhofsvorplatz mit aus- und einsetzenden Straßenbahnen zu sehen. Diesen Teil der Saalestraße hat es im Zweiten Weltkrieg schwer getroffen. Bis zur Elsterstraße ist heute keines der Gebäude mehr vorhanden.

Blick im Jahre 1907 von der 1895 benannten Thüringer Straße (seit 1964 Braunschweiger Straße) in die Wipperstraße, Richtung Kirchhofstraße. Im linken Eckhaus befand sich seinerzeit das Restaurant von Hermann Maschke und im gegenüberliegenden Eck (Thüringer Straße 41 / Wipperstraße 4) die Zigarrenhandlung von Fritz Telg. Die Wipperstraße bekam ihren Namen am 20. Februar 1901 nach dem linken Nebenfluss der Saale in Thüringen.

Blick im Jahre 1909 von der Emser Straße über die Bergstraße (Karl-Marx-Straße) in nördlicher Richtung zur Magdalenenkirche. Auf dem weißen Rand am oberen Teil der Litfaßsäule wird auf das Standesamt, was sich seinerzeit im Realschulgebäude in der Emser Straße 133 befand, hingewiesen.

Gegenüber dem Magdalenen-Kirchhof entstand diese Aufnahme 1912 von der Bergstraße (Karl-Marx-Straße) mit der einmündenden Schierker und Kirchhofstraße. Ungewöhnlich für West-Berliner Zeiten war, dass die Berliner Straße, Bergstraße und ein Teil der Willi-Walter-Straße (bis 1934 Walterstraße) am 31. Juli 1947 allesamt in Karl-Marx-Straße umbenannt wurden. Geehrt wurde damit der Philosoph, Ökonom und Sozialist Karl Marx (1818–1883).

Im Geviert Jonas-, Schierker, Selke- und Wittmannsdorfer Straße befand sich einst eine Kiesgrube von Franz Körner, die fünf bis sieben Meter unter Straßenniveau ausgeschachtet wurde. Er trat 1910 das Gelände an die Gemeinde Rixdorf ab, die dort eine Grünanlage plante. Die neobarocke Anlage entstand 1912 bis 1916 vermutlich durch Hans Richard Kullenberg. Im 2,4 Hektar großen Körnerpark finden auch kulturelle Veranstaltungen statt.

Südwestlich des Körnerparks gelegen, wurde der Stubenrauchplatz um 1909 benannt, hier auf einer Aufnahme um 1915. Geehrt wurde der Jurist und Kommunalpolitiker Ernst von Stubenrauch (1853–1909), der in Schierke verstarb. Am 29. März 1939 wurde die Grünanlage in Schierker Platz umbenannt. Schierke im Harz ist ein sachsen-anhaltinischer Wintersportort im Landkreis Wernigerode. Die anliegende Schierker Straße bekam ihren Namen bereits 1908.

Da die Dorfkirche Rixdorf für die stetig ansteigende Bevölkerung schon längst nicht mehr ausreichte, wurde auf einem nicht mehr benötigten Friedhofsteil an der Bergstraße die Magdalenenkirche errichtet. Nach Plänen des Kreisbaumeisters Hermann Bohl entstand sie von 1877 bis 1879 im basilikalen Stil. Der Taufstein stammt aus einem Kapitell der kriegszerstörten Kaiser-Wilhelm-Gedächtniskirche. Bild von 1910.

Auf dem Grundstück der ehemaligen Schmiede seiner Familie eröffnete Erich Bading im 1878 erbauten Haus an der Bergstraße 43 / Ecke Thomasstraße eine Musikalienhandlung. Hier gab es nicht nur Musikinstrumente aller Art, sondern auch Schellackplatten nebst dem nötigen Zubehör, wie Grammophonen und die nach jedem Gebrauch zu wechselnden Tonnadeln. Noch heute befindet sich dort, in der Karl-Marx-Straße 186, das Geschäft.

Am 22. März 1902 wurde auf dem Hohenzollernplatz (heute Karl-Marx-Platz), das vom Bildhauer Martin Wolff (1852–1919) geschaffene Denkmal für Kaiser Wilhelm I. enthüllt. Anlässlich der Enthüllung, zu der auch Kronprinz Friedrich Wilhelm erschienen war, wurde Hermann Boddin der Titel „Oberbürgermeister auf Lebenszeit" verliehen. Das Bronzestandbild wurde gegen Ende des Zweiten Weltkrieges für die Waffenproduktion eingeschmolzen.

In der Mühlenstraße 16 am Hohenzollernplatz befindet sich noch heute in einer Baulücke der Zugang zum Böhmischen Gottesacker. Am 3. September 1751 erhielt Böhmisch-Rixdorf einen eigenen Friedhof, auf dem zunächst evangelische Exilanten aus Böhmen bestattet wurden, die sich durch Erlaubnis Friedrich Wilhelms I. hier niedergelassen hatten.

Hier ist das Streichensemble des Brüning'schen Konservatoriums Berlin-Rixdorf im Jahre 1903 zu sehen. Musikdirektor Ernst Brüning war bemüht besonders junge Menschen in seiner Anstalt zu unterrichten. Auch einige Frauen waren schon dabei. Geübt wurde in der ersten und zweiten Etage des Hauses in der Bergstraße 127/128 (Karl-Marx-Straße 183) am Hohenzollernplatz. Die Aufnahme entstand im Atelier Stange des Inhabers A. Klewer.

Das „Deutsche Wirtshaus" in der Bergstraße 137 / Ecke Rosenstraße (Karl-Marx-Straße 163 / Uthmannstraße) entstand 1888. Hier wurde ab 23. Februar 1891 unter großem Erfolg das originelle musikalische Volksstück „Das Storchennest" aufgeführt. Der Text stammt von Friedrich Stern und die Musik von Hermann Voigt. 1947 wurde die Rosenstraße zu Ehren des Komponisten und Chordirigenten Gustav Adolf Uthmann (1867–1920) umbenannt.

Blick von der Waßmannsdorfer Straße (Bornsdorfer Straße) auf die katholische Pfarrei Sankt Clara auf einer zeitgenössischen Ansicht um 1935. Das Gotteshaus wurde auf einem 1880 erworbenen Grundstück an der Briesestraße, nach einem zunächst entstandenen Kapellenbau, ab 1895 errichtet und am 24. Juni 1897 geweiht. Architekt August Menken schuf die Kirche im neugotischen Stil mit 300 Sitzplätzen und einem 57 Meter hohen markanten Glockenturm.

Noch zu Rixdorfer Zeiten anno 1903 entstand diese Ansicht von der Bergstraße (Karl-Marx-Straße) in die Steinmetzstraße (Kienitzer Straße). Bemerkenswert ist die bald endende eingleisige Straßenbahnschiene in der Steinmetzstraße. Vermutlich befand sich an der Bergstraße eine Weiche, so dass dieses Gleis als Wendestelle genutzt werden konnte. Im linken Eckhaus befand sich seinerzeit das Geschäft des Apothekers Hugo Krüger.

Ursprünglich verlief die Berliner Straße vom Hermannplatz bis zum Richardplatz. Vom heutigen Platz der Stadt Hof bis zum Ortskern Rixdorf erhielt sie am 18. April 1895 den Namen des Tempelritters Richard. Hier der Blick 1919 von der Berthelsdorfer Straße in die Richardstraße mit der rechts geöffneten Bauflucht der Passage, die 1909 nach Plänen von Reinhold Kiehl entstand. Erst 1988 fand hier die „Neuköllner Oper" ihr festes Domizil.

Auf dem sogenannten „Büdnerdreieck" an der Straßengabelung zwischen Richardstraße (links) und Bergstraße (Karl-Marx-Straße) wurde am 2. September 1880 das Kriegsdenkmal enthüllt, hier in einer Aufnahme von 1908. Noch in der letzten Ägide Reinhold Kiehls wurde dieser Platz 1910/11 umgestaltet, um die Ganghoferstraße zur Bergstraße hin zu verlängern. Das Denkmal stand dabei im Wege und wurde auf den Hertzbergplatz nahe Thiemannstraße umgesetzt.

Die Berthelsdorfer Straße in Blickrichtung der Donaustraße und der rechts einbiegenden Kirchgasse im Jahre 1930. Benannt wurde die Straße am 7. März 1904 nach dem Ort Berthelsdorf im Landkreis Löbau-Zittau im Freistaat Sachsen, vorher hieß sie Triftweg. Im Hause Berthelsdorfer Straße 11 befand sich seinerzeit die Großwäscherei Seerose von Otto Böttner. Damals konnten die Kinder u. a. mit ihren Rollern noch ungestört auf der Fahrbahn spielen.

Mit dem Slogan „Die Tankstelle des verwöhnten Kraftfahrers“ warb die Germania-Garagen AG um ihre motorisierten Kunden. In der Donaustraße 96–97 nahe Erkstraße entstand 1930 dieser Neubau für die Dienstleistungen der Großtankstelle, Wagenpflege, spezielle Chassisreinigung und Abschmierdienst. Verwaltet wurde es vom Tankmeister Hans Ellrott. Seinerzeit war es üblich, die noch edlen und wertvollen Fahrzeuge in festen Unterkünften einzuparken.

Das Stadtbad Neukölln in der Ganghoferstraße entstand nach Plänen von Heinrich Best und Reinhold Kiel. Die Männer-Schwimmhalle hat ein Bassin von 28x10,50 Metern für 500 Kubikmeter Wasser. Die Säulen mit ihren ionischen Kapitellen sind sieben Meter hoch. Am Beginn der Apsis befinden sich beiderseits der Beckentreppe Wasser speiende, bronzene Walrösser mit aufsitzenden Putten. Die Halbkuppel ziert ein schönes Glasmosaik.

Die Aufnahme der Frauen-Schwimmhalle mit ihren zarten Farbtönen entstand kurz nach der Eröffnung am 10. Mai 1914. Das Bassin misst 19x9,30 Meter und fasst 300 Kubikmeter Wasser. Umlaufend befindet sich eine Galerie mit schmiedeeisernen Geländern. Das bis zu 35 °C vorgeheizte Wasser kommt vom 1,5 Kilometer entfernten Elektrizitätswerk am Weigandufer / Ecke Thiemannstraße, wo seinerzeit bereits die Abwärme effektiv genutzt wurde.

Das einstige Hauptpostamt in der Anzengruberstraße 1 / Ecke Karl-Marx-Straße entstammt der Feder des Architekten Hermann Struve aus den Jahren 1901/02, hier 1910. Bemerkenswert war die barocke Zwiebelhaube über dem Haupteingang. Ludwig Anzengruber (1839–1889) war ein österreichischer Schriftsteller und Dramaturg, der sich als Schauspieler in verschiedenen Wandergruppen engagierte und als Redakteur des Satireblattes „Figaro" arbeitete.

Im Jahre 1909 präsentiert sich hier das 1900 gegründete Warenhaus Hans Joseph & Co. in der Berliner Straße 54–55 (Karl-Marx-Straße 92–98) / Ecke Jägerstraße (Rollbergstraße). Der jüdische Besitzer wurde 1936 zum Verkauf des Hauses gezwungen. Ohne die prächtige Jugendstilfassade ist es als Kaufhaus Neukölln und später als Hertie-Haus, 2005 geschlossen, vielen Einheimischen noch ein Begriff. Seit 2010 sind hier u. a. drei Modegeschäfte ansässig.

Hinter dem Amtshaus mit seinen Zinnen und Giebeln befanden sich an der Erkstraße eine Realschule und die Feuerwache Richard, die 1885/86 unter dem Stadtbaurat Hermann Weigand (1854–1926) errichtet wurde. Letztere bekam 1900/01 einen Anbau an der Ecke Donaustraße. Die Wache war bis 1945 in Betrieb. Gebäudeteile der Wache wurden in die Rathauserweiterung miteinbezogen. Ludwig Erk (1807–1883) war Komponist, Volksliedsammler und Musikpädagoge.

Blick vom Turm des neuen Rathauses Neukölln entlang der Boddinstraße in Richtung Tempelhofer Feld um 1910. Links sind die Gebäude der Kindl-Brauerei sowie der Turm der Genezarethkirche auf dem Herrfurthplatz zu sehen. Die Straße 209a des Bebauungsplans bekam ihren Namen am 6. März 1903 zu Ehren des verdienten Rixdorfer Gemeindevorstehers und Oberbürgermeisters Hermann Boddin (1844–1907).

In den Jahren 1899 bis 1901 entstand nach Plänen der Architekten Faerber und Bohl im Stil der Neorenaissance des Amtsgericht und Gefängnis Neukölln mit seinem imposanten Portal an der Karl-Marx-Straße 77 / Ecke Schönstedtstraße. Mit dem monumentalen Bau wollte Rixdorf sich auch im juristischen Sinne als selbstständige Stadt präsentieren. Nach dem verlorenen Krieg zog hier 1945 zunächst die sowjetische Kommandantur ein. Aufnahme um 1925.

Blick vom Sasarsteig auf die Erlanger und Reuterstraße anno 1919. Im Hintergrund ist die Münchener Straße (Flughafenstraße) zu sehen. Die Erlanger Straße wurde am 6. Februar 1903 nach der mittelfränkischen Stadt Erlangen im Freistaat Bayern benannt. Dietrich Sasar war um 1360 Komtur des Johanniterordens in Tempelhof und urkundlicher Zeuge bei der Umwandlung des Ordenshofes in das Dorf „Richardsdorp" durch Hochmeister Hermann von Werberg.

Blick in die Berliner Straße von der Ecke Weichselstraße zum neuen Rathaus um 1925. Das rechts zu sehende Mietshaus (Karl-Marx-Straße 58) mit seinem geschwungenen Giebel wurde 1907/08 mit mehreren Fabrikgebäuden errichtet. Dahinter an der Flughafenstraße entstand durch die Architektengruppe Boge und Johannsen das am 2. September 2000 eröffnete Einkaufszentrum Forum Neukölln mit Kino und Stadtbibliothek, seit 2002 Neukölln Arcaden.

„Konditorei und Kaffee Stüber" in der Berliner Straße 106 am Hermannplatz war, entsprechend dem Geschmack Ende der 1920er-Jahre, mit Mobiliar und Beleuchtung im Stil der Neuen Sachlichkeit eingerichtet. Dieses Foto mit der üppigen Kuchentheke entstand 1935.

In einem Innenhof, in der Berliner Straße 9–10 (heute Karl-Marx-Straße 14) gelegen, befindet sich in der Nähe des Hermannplatzes das seit 1952 nach Albert Schweitzer benannte Gymnasium. Als Lyzeum der Städtischen Höheren Mädchenschule Rixdorf wurde es 1906 bis 1909 nach Entwürfen von Reinhold Kiehl errichtet. Auf dem Foto von 1937 befand sich im linken Eckhaus, das auch vom Baumeister Kiehl stammt, das Geschäft für Bürobedarf von Hermann Wetzel.

An der Karl-Marx- / Ecke Hermannstraße stand schon seit langer Zeit der „Rollkrug". Da die Hermannstraße abschüssig von den Rollbergen auf den Hermannplatz zuführt, bekam das Wirtshaus seinen Namen. Zwischen Bruchländereien und Wiesen an der Wegkreuzung nach Rixdorf lag die Restauration mit Pferdewechselstation, hier um 1900. Der Rollkrug wurde 1907 beseitigt und ein Geschäftshaus mit der Eckkneipe „Zum Rollkrug seit 1782" errichtet.

Um 1883 wurde das Wiesenufer am Landwehrkanal in Maybachufer umbenannt. Geehrt wurde noch zu Lebzeiten Albert von Maybach (1822–1904), der Jurist, Politiker und Staatsminister war. Die Ecke zum Kottbusser Damm ist der nördlichste Zipfel Neuköllns. Hier beginnt auch der größte türkische Wochenmarkt Berlins, „BiOriental“, der dienstags und freitags das Maybachufer prägt. Die Aufnahme entstand anno 1912 an der Ecke Hobrecht- und Schinkestraße.

Blick von der Sanderstraße durch die Friedelstraße in Richtung Maybachufer und Hobrechtbrücke um 1930. Das gediegene Wohnviertel am nördlichen Ende Rixdorfs an der Friedelstraße entstand mit der Straßenbenennung um 1895. Geehrt wurde der Jurist und Berliner Kommunalpolitiker Ernst August Friedel (1837–1918). Unter anderen war er Initiator und erster Leiter des Märkischen Museums, das sich mit der Geschichte Berlins befasst.

Über zwei Etagen ging das beliebte Konzert-Café Tivoli (Neukölln) am Kottbusser Damm 95 / Ecke Schinkestraße, hier im Jahre 1916. In der zweiten Etage befand sich seinerzeit das Geschäft von Rudolf Bick & Co, der Herrengarderobe verkaufte. Die Schinkestraße erhielt ihren Namen zu Ehren des Rixdorfer Kommunalpolitikers Johann Friedrich Schinke (1826–1875). Er war hier von 1863 bis 1874 Dorfschulze.

Das Wohn- und Geschäftshaus Kottbusser Damm 86/87 zwischen Sander- und Bürknerstraße wurde 1908 erbaut. Im Erdgeschoss befand sich das Geschäft der „Rixdorfer Fleisch Zentrale", hier mit den Beschäftigten und dem Fleischermeisterehepaar 1909 fotografiert. Besonders die Auslagen in den Schaufenstern mit dem Hinweis „Angekauft für die Rixdorfer Fleisch Zentrale" zeigen das reichhaltige Angebot verschiedenster Fleischwaren.

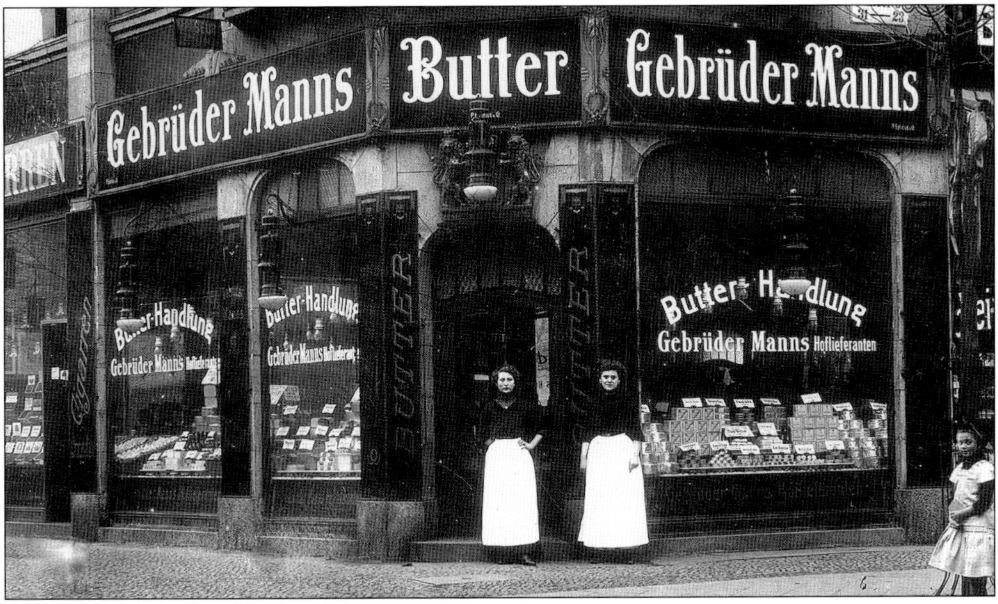

Am Kottbusser Damm 83–85 / Ecke Sanderstraße befand sich eine Filiale der Butterhandlung der Gebrüder Manns. Das Foto mit den beiden Verkäuferinnen vor der Ladentür entstand 1912. Nach dem Unternehmer und Kommunalpolitiker Hermann Sander (1845–1939) wurde die Sanderstraße schon zu seinen Lebzeiten am 14. Februar 1907 benannt. Er führte bis 1925 in Neukölln den letzten Betrieb mit Handwebstühlen in der Böhmisch-Rixdorfer Webertradition.

Ein echt böhmisches Restaurant befand sich in der Pflügerstraße 77 nahe Hobrechtstraße. Josef Nožičky (Nozicka) führte seine heimatlich-gemütliche Gastwirtschaft unter dem Namen „Zur Stadt Prag“. Es war auch ein Spezialausschank von „Pilsener Urquell“, das im bürgerlichen Brauhaus Pilsen hergestellt wurde. Die Aufnahme entstand um 1922.

Das urgemütliche „Café Hermannplatz" befand sich am Kottbusser Damm 63/64 / Ecke Weserstraße. Die Aufnahme von 1908 zeigt die Inneneinrichtung mit dem schönen Tresen, der mit vielen Jugendstilmotiven verziert ist. Geführt wurde die Konditorei seinerzeit von Carl Sittsamstein. Der Kottbusser Damm trug bis 1874 den Namen Rixdorfer Damm.

Einst gehörte auch die westliche Seite des Hermannplatzes mit Hausnummern des Kottbusser Damms zu Neukölln. Unikum ist heute, dass die hervorstehende erste Etage des Kreuzberger Kaufhauses Karstadt nach Neukölln hineinragt und dafür Abgaben entrichtet werden müssen. Hier der Blick von der Urbanstraße in Höhe Hermannplatz mit der Kaiser-Friedrich-Straße (Sonnenallee) und dem links endenden Kottbusser Damm in einer Aufnahme um 1910.

Der Hermannplatz vom Kottbusser Damm aus gesehen im Jahre 1907. Der verkehrsreiche Ort wird als „Tor nach Neukölln“ bezeichnet und wurde am 9. September 1885, wie auch die Hermannstraße, nach Hermann dem Cherusker benannt. Hier gab es seit der Benennung zahlreiche Straßenbahnlinien, 1964 wurde als letzte die Linie 27 eingestellt. Mit dem Bau des Kaufhauses Karstadt in den 1920er-Jahren wurde der Platz auf 50 Meter verbreitert.

Noch heute ist die große Bahnhofshalle (U7) des U-Bahnhofes Hermannplatz in ihrer vollen Pracht mit den über sieben Meter hohen Stützpfeilern, wie sie Alfred Grenander und Alfred Fehse ab 1923 erschufen, vorhanden. Eröffnet wurde der untere Bahnsteig am 11. April 1926, die obere kleine Halle (U8) folgte am 17. Juli 1927, verbunden durch die ersten Rolltreppen im U-Bahn-Bereich. Einmalig waren auch die Zugänge zum Kaufhaus Karstadt. Bild um 1928.

Das Umformwerk der U-Bahn in der Hermannstraße 5–8 entstand nach Plänen des Architekten Alfred Grenander in den Jahren 1927/28, Bild von 1929. Die Einrichtung wurde notwendig, da hier eine Einspeisung des Betriebsstroms für die neuen U-Bahn-Strecken erfolgt. Die unteren beiden Geschosse des Bauwerks werden als Diensträume und für die Umspannstation genutzt, die drei oberen mit Wohnungen für Betriebsangehörige belegt.

Bei Louise Heufelder am Hermannplatz 3 konnte jeder Frau und jedem Mann bei Fragen und der Auswahl an Schuhmode weitergeholfen werden. Die beliebte Schuhwarenhandlung, hier um 1900, wurde 1879 gegründet. Seinerzeit hatte sie mehrere Beschäftigte, die in dem kleinen Laden am belebten Platz arbeiteten. Die Auslagen fanden auch in zusätzlichen Vitrinen im Stil der Gründerzeit neben dem Schaufenster Platz.

Noch mit voller Fassadenpracht präsentiert sich hier das als reines Vorderhaus errichtete Gebäude Kaiser-Friedrich-Straße 6 (Sonnenallee 14) / Ecke Hobrechtstraße in den 1930er-Jahren. Am Eck war eine typische Eckkneipe namens „Schwemme" mit Bieren der Kindl-Brauerei Neukölln. Zudem gab es hier noch eine Räucherwarenhandlung von Julius Strahlendorff, ein Feinkostgeschäft und die Farbenhandlung am Hermannplatz.

Nordwestliche Seite der Kaiser-Friedrich-Straße (Sonnenallee) zwischen Friedel- und Reuterstraße anno 1901. Am rechten Bildrand ist das heute noch vorhandene Wohnhaus Reuterstraße 63 zu erkennen. Die Bebauung links davon bis Friedelstraße fiel dem Zweiten Weltkrieg zum Opfer. Hier entstand von 1953 bis 1955 durch Architekt Helmut Ollk (1912–1992) ein neuer Wohnkomplex mit vier Aufgängen, der heute bereits ein Baudenkmal ist.

Im Jahre 1910 feierte man den 100. Geburtstag des größten Schriftstellers der niederdeutschen Sprache, Fritz Reuter. Anlässlich dessen plante die Stadt einen Fritz-Reuter-Brunnen auf dem Reuterplatz, der vom Bildhauer Heinrich Mißfeld geschaffen und 1914 eingeweiht wurde. Der zierliche Muschelkalkbrunnen mit zwei Figuren und dem Konterfei Reuters wurde vom Stadtbaumeister Reinhold Kiehl mit einem sehr üppigen Laubengang umsäumt.

Auf dem Reuterplatz befand sich die Rixdorfer Ratswaage, hier in einer Aufnahme um 1910. In diesem Gebäude befand sich ein geeichtes Wiegegerät. Hier wurden Konzessionen erteilt, Steuern und Zölle erhoben und es erfolgte die Ausgabe und die Umrechnung von Maßen und Gewichten. Somit konnte das Handelsgeschehen auf dem Marktplatz kontrolliert und Ungerechtigkeiten für die Käufer minimiert werden.

Die Wohnhäuser Pflügerstraße 15–19 mit der vorn zu sehenden Nansenstraße in Blickrichtung Liberdastraße auf einem Foto von 1931. Nicht mehr vorhanden sind die Zwillingshäuser Pflügerstraße 16 und 17, die durch einen Neubau ersetzt wurden. Die Nansenstraße wurde am 4. November 1898 zu Ehren des norwegischen Polarforschers und Diplomaten Fridtjof Nansen (1861–1930) benannt, der mit seinem Schiff Fram das Nordpolarmeer erkundete.

Blick vom Landwehrkanal mit dem Maybachufer und dem hölzernen Vorgängerbau der Thielenbrücke in die Pannierstraße im Jahre 1909. Die Straße 5 des Rixdorfer Bebauungsplans erhielt ihren Namen am 7. März 1894 zu Ehren des Juristen Rudolf Pannier (1821–1897). Im Jahre 1878 setzte er sich für die Errichtung des Amtsgerichts in Rixdorf ein. Er war Mitbegründer der Nationalliberalen Partei und saß im Norddeutschen Reichstag.

Eines der imposantesten Gebäude ist das Wohnhaus Sonnenallee 34 (einst Kaiser-Friedrich-Straße 16) / Ecke Pannierstraße, erbaut 1902, mit einem Erdball auf dem stolzen Eckturm. Gastwirtin Marie Fichtel, die hier ein Restaurant betrieb, nannte ihre Lokalität „Zur Weltkugel". Die Aufnahme entstand ein Jahr nach der Fertigstellung des Eckhauses.

In kürzester Zeit wurde zwischen 1900 und 1910 der gesamte Straßenzug der Tellstraße mit Wohnhäusern bebaut, hier der Blick von der Weserstraße zur Kaiser-Friedrich-Straße (Sonnenallee) um 1912. Die neu gepflanzten Straßenbäume wirken noch etwas zierlich. Benannt wurde die Straße am 18. Januar 1905 nach dem sagenhaften Schweizer Nationalheld Wilhelm Tell, der um 1300 Anführer im Befreiungskampf der drei Schweizer Urkantone war.

Die 32. und 33. Gemeindeschule in der Rütlistraße wurde im Oktober 1909 eröffnet. Während des Ersten Weltkrieges bis zum Januar 1920 diente sie als Kaserne des 7. Garde-Infanterie-Regiments. 1960 erhielt die Einrichtung, aufgrund der anliegenden Straße, den Namen Rütli-Schule. Ein hier nicht sehr erfolgreicher Schüler war Arno Funke, der unter dem Pseudonym „Dagobert" in den Jahren 1988 bis 1994 als Kaufhauserpresser Berühmtheit erlangte.

Blick im Jahre 1917 von der Sonnenallee in die Jansastraße. Die Straße 6a des Bebauungsplanes wurde am 30. September 1903 nach dem Rixdorfer Landwirt Wilhelm Jansa (1834-1909) benannt, der zwischen 1878 und 1899 die Ämter eines Schöffen sowie des Vorstehers der Gemeinde innehatte. Er wohnte in der Kirchgasse 5. Anfang des 18. Jahrhunderts floh die Familie Jansa aus Böhmen. Sie besaß in Böhmisch-Rixdorf ein Bauerngut.

Blick vom Kiehlufer am Lohmühlenplatz zum Neuköllner Schifffahrtskanal auf den Weichselplatz anno 1911. Ursprünglich im Rixdorfer Bebauungsplan als Platz F kartiert, erhielt das dreieckige, gärtnerisch gestaltete Terrain am 19. April 1905 den Namen nach dem Hauptstrom Polens, das bis zum Ersten Weltkrieg zwischen Preußen, Österreich und Russland aufgeteilt war. Links sind Wohnhäuser am Weichselplatz zu sehen.

Zum Zeitpunkt dieser Aufnahme im Jahre 1914 war die Bildungseinrichtung in der Donaustraße 120–127 die größte Schule Deutschlands. Die heutige Rixdorfer Grundschule wurde von 1910 bis 1913 nach Plänen von Reinhold Kiehl erbaut und als 1. Mädchenmittelschule eröffnet. Der prächtige Dachturm mit der Uhr ist heute nicht mehr vorhanden. Die Donaustraße wurde nach dem zweitlängsten europäischen Strom am 30. Oktober 1899 benannt.

Die Wohnanlage „Ideal Passage“ entstand im Auftrag der Rixdorfer Baugenossenschaft Ideal eGmbH und der Allgemeinen Ortskrankenkasse Rixdorf durch die Architekten Willi und Paul Kind zwischen den Straßenzügen Fuldastraße 55–56 und Weichselstraße 8 von 1907/08. Um vier gärtnerisch gestaltete Hinterhöfe liegen 121 Ein- und Zweizimmer-Wohnungen mit seinerzeit noch seltenen Standards, wie Wohnungstoiletten, Heizungen und Warmwasserversorgung.

Die Kaiser-Friedrich-Straße (Sonnenallee) zwischen Weichselstraße und Fuldastraße um 1912. Seinerzeit befand sich im Eckhaus Fuldastraße die Butterhandlung von Paul Sebastian. Bemerkenswert ist das heute unter Denkmalschutz stehende Mietshaus mit dem ungewöhnlichen Dachaufbau der Sonnenallee 70, das um 1904 nach Entwürfen des Architekten Hermann Serno errichtet wurde.

Noch heute gibt es das Haus Fuldastraße 9 nahe Sonnenallee, das um 1902 erbaut wurde, hier auf einem Foto von 1934. Trotz der sehr symmetrisch gestalteten Fassade befinden sich zudem schöne Pflanzenornamente an verschiedenen Stellen, die nur auf den ersten Blick unharmonisch wirken. Hier gab es seinerzeit das Friseurgeschäft von Alfred Hutzelmann und den Seifenladen von Reinhardt Flammiger.

Das Kaiser-Friedrich-Realgymnasium in der Sonnenallee 79 wurde 1901/02 von Hermann Weigand errichtet und von Reinhold Kiehl 1906/07 erweitert. Im Jahre 1945 wurde die Schule in Karl-Marx-Schule umbenannt. Seit 1956 trägt sie den Namen des deutschen Physikers Ernst Abbe, der viele optische Instrumente entwickelte und somit der Firma Carl Zeiss zu Weltrum verhalf. Die Aufnahme entstand von der Fuldastraße aus gesehen im Jahre 1916.

Nach und nach entstanden neue repräsentative Wohn- und Geschäftshäuser beginnend vom Hermannplatz entlang der Sonnenallee. Noch allein auf weiter Flur im Jahre 1903 hatte dieses Gebäude die Adresse Kaiser-Friedrich-Straße 217 (heute Sonnenallee 67) nahe Fuldastraße. Eigentümer war der Bautischler Heinrich Emmeluth, der bemerkenswerterweise das Treppenhaus zur Straße hin bauen ließ. Somit gewann er mehr Raum im ruhigeren Hof.

Noch heute gibt es dieses Mietshaus in der Fuldastraße 6 / Ecke Weserstraße mit seinem hochherrschaftlichen Eingangsportal. Rechts daneben befand sich um 1909 das Kontor Pellmann & Co. Der Fabrikant F. Pellmann fertigte hier Marmormosaiken und Terrazzi nach Kundenwunsch und bot zusätzlich die notwendigen Zement- und Gipsestricharbeiten, auch vor Ort, mit an.

Nach Plänen des Architekten Ludwig Hoffmann wurde in den Jahren 1907 bis 1908 die 25. Rixdorfer Gemeindedoppelschule für Jungen und die 26. für Mädchen errichtet. Hier sieht man das Schulgebäude in der Mietshäuserflucht zwischen der Weser- und Schandauer Straße im Jahre 1913. Heute befindet sich hier die Elbe-Grundschule.

Das rechts auf dem Bild um 1910 zu sehende Rixdorfer Polizeipräsidium in der Kaiser-Friedrich-Straße (heute Sonnenallee 107) / Ecke Wildenbruchstraße wurde ab 1901 errichtet und am 25. September 1902 nach amtlicher Mitteilung durch den Polizeipräsidenten von Glasenapp übergeben. Im Baudenkmal befindet sich heute der Polizei-Abschnitt 54. Leider sind der Eckturm und sämtliche Zwiebelturmaufsätze nicht mehr vorhanden.

Blick in die Weserstraße zwischen Wildenbruch- und Finowstraße um 1938. An der Ecke Wildenbruchstraße 7 befand sich seinerzeit das Drogeriegeschäft von Hans Butterwegge. Bemerkenswert ist das Chronometer in Form einer Bahnhofsuhr am Geschäft, auf dem es gerade auf die Kaffee- und Kuchenzeit um halb vier zugeht. Alle Wohngebäude sind heute noch so vorhanden, obwohl die Fassadenstuckatur und die Dachaufbauten meist fehlen.

Der etwa 2,2 Hektar große Wildenbruchplatz, am Neuköllner Schifffahrtskanal gelegen, erhielt am 14. Oktober 1904 seinen Namen. Besonders gestaltet war die Platzanlage an der nordwestlichen Seite. Hier befand sich eine Grotte mit unterirdischem Wasserlauf. Links im Hintergrund an der Wildenbruchstraße 79–80 erkennt man auf dem Bild von 1911 das alte Abwasserpumpwerk von 1893/94 von Hermann Weigand. Es wurde 1926 mit einem Wohnhaus überbaut.

Blick von der Wildenbruchbrücke auf die Bebauung der Wildenbruchstraße und des Köllnischen Ufers, das zu Ehren des Architekten und Kommunalpolitikers Reinhold Kiehl (1874–1913) am 5. April 1934 in Kiehlufer umbenannt wurde. Mit dem Brückennamen und der Seitenstraße wird dem Schriftsteller und Diplomaten Ernst von Wildenbruch (1845–1909) seit 1894 gedacht. Alle Gebäude sind noch vorhanden, hier auf einem Foto von 1942.

Im Auftrage des Beamten-Wohnungs-Vereins Neukölln errichteten die Architekten Mebes & Emmerich 1925/26 auch in der Sülzhayner Straße eine Wohnanlage, hier um 1930 von der Harzer Straße aus gesehen. Die Straße 42 erhielt am 14. September 1927 den Namen Sülzhayner Straße. Sülzhayn ist ein Erholungsort am Rande des Harzes im Freistaat Thüringen im Landkreis Nordheim und seit 1994 ein Ortsteil der Gemeinde Ellrich.

Ein großer Altbaukomplex, errichtet 1909, befindet sich in der Innstraße zwischen Weigandufer und Werrastraße, auf einem Foto von 1932. Die Bewohner haben einen schönen Ausblick auf den Neuköllner Schifffahrtskanal und den Wildenbruchplatz. Gegenüber dem Elsensteg gab es hier schon immer Gastwirtschaften, so seit Jahren das beliebte Restaurant „Rijeka-Grill" von Duro Peric mit kroatischer Küche.

Im Karree zur Werra- und Rosegger Straße sowie teilweise an der Inn- und Weserstraße entstand von 1924 bis 1926 eine Blockrandbebauung mit Hofloggien vom Architektenbüro Mebes & Emmerich. Bemerkenswert ist der große Innenbereich mit seinen Spielplätzen für die Kinder. Die Flachdächer sind mit schmiedeverzierten Rondellen erbaut worden. Hier der Blick zur Hoffassade Innstraße 43 / Ecke Werrastraße im Februar 1930.

Hier nochmals die Siedlung mit dem „Werrahof“ an der Werrastraße vom Truseweg aus gesehen. An beiden Seiten des im Blockinneren zurückgesetzten Hausriegels befinden sich öffentliche Zugänge über Terrassen zum tiefer liegenden Innenhof. Der Truseweg erhielt seinen Namen am 10. April 1931 nach einem Nebenfluss der Werra in Thüringen und wurde seinerzeit nur einseitig mit einem Wohnblock mit sechs Aufgängen zum Weigandufer bebaut.

Im Auftrag des Beamten-Wohnungs-Vereins zu Neukölln entstand nach Plänen der Architekten Patrzek & Januszkiewicz zwischen Kaiser-Friedrich-Straße (Sonnenallee), Inn- und Stuttgarter Straße in den Jahren von 1904 bis 1908 diese genossenschaftliche Wohnanlage. Es wurden nur Vorderhäuser mit kurzen Seitenflügeln und begrünten Höfen errichtet. Markant war der Dachturmblock, der heute nicht mehr vorhanden ist, hier in einer Aufnahme von 1916.

Die Kaiser-Friedrich-Straße (Sonnenallee) mit der querenden Treptower Straße anno 1931. Links die Clara-Apotheke von August Bötzkes in der Hertzbergstraße 17. Dahinter im Eckhaus zur Treptower Straße, mit dem heute nicht mehr vorhandenen opulenten Zwiebelturm, war das Restaurant von Hermann Lausch untergebracht. In der Treptower Straße zwischen Wilhelm-Busch- und Donaustraße, heute Verkehrsschule, befand sich seinerzeit ein Wochenmarkt.

Parallel zur Sonnenallee verläuft zwischen Rosegger- und Treptower Straße die nach dem berühmten Märchendichter (u. a. Max und Moritz) und Maler benannte Wilhelm-Busch-Straße. Abseits der lauten Straßen stand hier an der Ecke zur Treptower Straße die evangelische Paulus-Kirche, die im Zweiten Weltkrieg zerstört wurde. An dieser Stelle entstand die Ananiaskirche, die 1967 geweiht, 2012 entwidmet und im Jahr darauf abgerissen wurde.

Blick von der Kaiser-Friedrich-Straße (Sonnenallee) in die am 20. Juni 1895 benannte Hertzbergstraße in Richtung Richardplatz um 1912. Im schmalen Eckhaus zur Treptower Straße befand sich seinerzeit das „Drogenhaus" von Alfons Ulbricht, in der er Drogerie-, Apothekerwaren, Kindernährmittel und Farben verkaufte. Im linken Eckhaus war jahrelang die Gastwirtschaft von Carl Berger. Beide Eckgebäude sind heute nicht mehr vorhanden.

Noch heute gibt es die Räumlichkeiten von Schmudkes Möbelspeicher in der Hertzbergstraße 23/24 an der Böhmischen Straße. Hier steht Hermann Schmudke mit seiner Frau vor der Ladentür um 1940. In der Möbelhandlung wurden gebrauchte und neue Einrichtungsgegenstände angeboten. Zum Transport diente ein dreirädriges Automobil mit großer Ladefläche. Die Mieterin über dem Geschäft genoss ihre sehr große und wunderschön begrünte Terrasse.

Anlässlich der Enthüllung des Denkmals „Eiserner Ritter“ entstand diese Ansicht des Hertzbergplatzes. Die etwa 1,5 Hektar große Grünanlage erhielt ihren Namen zu Ehren des Juristen, Politikers und Historikers Ewald Friedrich Graf zu Hertzberg am 19. März 1901. Rechts verläuft die Stuttgarter Straße mit der Eduard-Mörike-Grundschule, die 1903/04 von Hermann Weigand erbaut wurde. Auf dem Platz trainiert der 1. Fußball-Club Neukölln 1895.

Das Metallbauunternehmen Friedrich Krupp GmbH produzierte Registrierkassen im Neuköllner Fabrikkomplex an der Thiemannstraße, hier auf einer Werbekarte aus den 1930er-Jahren vom Weigandufer aus gesehen. Noch heute befinden sich in den Gebäuden mehrere Gewerbebetriebe. Die Thiemannstraße wurde bereits 1910 nach dem Ratsbaumeister, Rixdorfer und Neuköllner Kommunalpolitiker August Thiemann (1849–1923) benannt.

Blick um 1920 vom Kiehlufer über den am 24. Mai 1914 eröffneten Neuköllner Schifffahrtskanal zur Teupitzer Brücke und der rechts davon gelegenen 2. Städtischen Gasanstalt der Gemeinde Rixdorf an der Teupitzer Straße (dort seit 1964 Ederstraße). Die Teupitzer Brücke ist hier noch als einfache Holzkonstruktionsbrücke zu sehen. Nach Plänen von Reinhold Kiehl wurde sie, ein Jahr nach seinem frühen Tode mit 38 Jahren, 1914 fertig gestellt.

Abseits zwischen Ringbahn und Teupitzer Straße 39-43 gelegen, entstand in den Jahren 1927 bis 1931 nach Plänen des Architekten Karl Bonatz ein Obdachlosennachtasyl für Männer, dass später als Jugendherberge „Haus der Jugend" von der Stadt Berlin genutzt wurde. Hier zu sehen auf einem Foto von 1937. Der heute noch vorhandene Gebäudekomplex steht unter Denkmalschutz.

Hier der Blick in die Mareschstraße mit der links abgehenden Bartastraße, 1918. Carl Friedrich Barta (1833–1914) war von 1871 bis 1882 Rixdorfer Gemeindevorsteher. Er führte die von D. Draeger eingeführte Pferde-Omnibuslinie weiter. An der neuen Endstation besaß er „Bartas Kaffee- und Gasthaus". Mitarbeiter von Bürgermeister Hermann Boddin war der Kommunalpolitiker Daniel Maresch (1833–1923), dessen Namen die Straße am 14. Februar 1907 erhielt.

Am Streckenkilometer 16,7 der Berliner Ringbahn befindet sich der am 1. Oktober 1912 eröffnete Bahnhof Kaiser-Friedrich-Straße an der Saalestraße. Das Empfangsgebäude entstand nach Plänen von Reinhold Kiehl. Dieser dritte Bahnhof in Neukölln sollte die fortschreitende Bebauung auf den Köllnischen Wiesen erschließen. 1920 wurde die Station in Sonnenallee umbenannt, von 1939 bis 1947 hieß sie Braunauer Straße.

Vor dem Bahnhof Sonnenallee, wo die Saale-, Schwarza- und Brusendorfer Straße zusammentreffen, befindet sich ein begrünter halbrunder Platz, der seit dem 6. Dezember 1984 Siegfried-Aufhäuser-Platz heißt. Geehrt wurde zum hundertsten Geburtstag der SPD-Politiker und Gewerkschaftsführer Siegfried Aufhäuser (1884–1969). Diese Ansichtskarte wurde 1913 versandt.

Die Schwarzastraße verbindet die Braunschweiger Straße am Esperantoplatz mit dem Vorplatz des Bahnhofs Sonnenallee (Siegfried-Aufhäuser-Platz). Hier an der Ecke Schwarzastraße 1 befand sich die Gastwirtschaft von Leon Buczkowski, die heute noch betrieben wird. Die Straße wurde am 18. April 1913 nach der 52 Kilometer langen Schwarza benannt, einem linken Nebenfluss der Saale, die im Thüringer Schiefergebirge entspringt.

Blick entlang der neu gestalteten Böschung des Neuköllner Schifffahrtskanals auf das 1916 von Otto Rehning erbaute Fabrikgebäude und die alte Sonnenbrücke, die 1974 bis 1978 durch einen Neubau ersetzt wurde. Auf der rechten Uferseite liegt die Ziegrastraße, die nach dem Direktor der Berliner-Kindl-Brauerei und Gemeindevorsteher Neuköllns Hugo Ziegra (1852–1926) benannt wurde. Hier befindet sich auch das 1994 errichtete „Estrel Hotel Berlin".

Verwaltungsgebäude mit dem charakteristischen, heute noch vorhandenen Turmaufbau und der dahinter liegenden Maschinenhalle der Wasserpumpstation am Dammweg nahe der Sonnenallee, erbaut 1912/13, in einer Aufnahme von 1927. Der 1842 angelegte Knüppeldamm, ein mit Rund- und Kanthölzern befestigter Weg, der durch sumpfiges Gelände von der Köllnischen Heide zur Spree führt, heißt seit 1911 Dammweg.

Bereits 1910/11 wurde ein Bebauungsplan für die Ortsgebiete hinter der Ringbahn in der Köllnischen Heide erstellt. Durch den Ersten Weltkrieg verzögerte sich jedoch die Bebauung. Die Siedlung am Dammweg mit Häusern in der Einhornstraße, dem Krebsgang sowie der Steinbock- und Widderstraße entstand von 1919 bis 1922 unter Josef Zizler (1881–1955), der von 1917 bis 1921 Stadtbaurat für Hochbau in Neukölln war, nach Entwürfen von Reinhold Kiehl.

Bereits 1896 wurde zwischen dem Ringbahnhof Neukölln und dem Bahnhof Baumschulenweg auf der Görlitzer Bahn eine direkte Verbindungsstrecke (Abzweig nach KönigsWusterhausen) in Betrieb genommen. Hier entstand 1916 der Bahnhof Köllnische Heide zunächst nur als Bahnsteig mit einfachem Zugang. Nach Plänen des Architekten Karl Cornelius wurde das Empfangsgebäude im Stil der beginnenden Moderne am 16. August 1920 eröffnet.

Blick auf die Wohnanlage an der Planetenstraße / Ecke Sonnenallee 293 im August 1939. Die friedliche Stimmung auf den Straßen weist noch nicht auf den bevorstehenden Zweiten Weltkrieg hin. Nur die bereits montierte zweimotorige Sirene für den Zivilschutz auf dem Dach lässt ahnen, dass etwas bevorstehen kann. Die Grünfläche am linken Bildrand gehört zum Vorplatz des S-Bahnhofes Köllnische Heide.

Blick auf den Schulhof des 1929 fertig gestellten Staatlichen Kaiser-Wilhelm-Realgymnasiums in der Zwillingestraße 21. Heute befindet sich dort die Kepler-Schule, die nach dem berühmten Astrologen und Theologen Johannes Kepler (1571–1630) benannt wurde. Die Zwillingestraße bekam am 16. August 1928 ihren Namen nach dem Tierkreiszeichen. Mit diesem Sternbild beginnt auf der nördlichen Erdhalbkugel der Sommer. Der 21. Juni ist der längste Tag des Jahres.

Der Schulenburgpark, eigentlich Von-der-Schulenburg-Park, entstand 1919 am südlichen Teil der Sonnenallee. Ottokar Wagler schuf die erste Gartengestaltung. Hier der Märchenbrunnen, der nach Plänen von Ernst Moritz Geyger 1915 entstand, aber erst 1935 aufgestellt wurde. Die Gestaltung erfolgte einst unter dem Namen „Symbol des Walddomes". Ihre Benennung erhielt die Grünanlage nach dem Politiker Rudolf Wilhelm Graf von der Schulenburg.

Um 1920 entstand die Siedlung Köllnische Heide, hier zu sehen die Straße 32 anno 1924. Die Straße 32 erhielt am 16. August 1928 den Namen Hänselstraße nach einer Figur aus dem Märchen „Hänsel und Gretel" der Brüder Grimm. Das Foto entstand an der Ecke zur Drosselbartstraße. Die Köllnische Heide war ein ausgedehntes Wald- und Wiesengebiet, das vom südlichen historischen Stadtzentrum Berlins (Cölln) bis nach Johannisthal reichte.

Am 2. Juni 1883 wurde die erste Rixdorfer Freibadanstalt an der Lahn- / Ecke Niemetzstraße eröffnet. Der Fuhrherr, Eiswerkbesitzer und Kommunalpolitiker Friedrich Wilhelm Mier (1836–1912) war Erbauer und Betreiber der Anlage. Am 9. September 1889 übernahm sie August Stolzenberg, sie bestand bis 1913. Die Besonderheiten waren dort ein Wellenbad und eine Wasserheizung.

Heute kaum noch wiederzuerkennen ist diese Ansicht um 1920 mit der Walterstraße (Karl-Marx-Straße) und der vorn rechts einmündenden Grenzallee. Der einstige Britzer Damm, später Grenzstraße, erhielt am 25. März 1901 den Namen Grenzallee, weil sie die Gemarkungsgrenze zwischen Rixdorf und Britz darstellt. Der U-Bahnhof Grenzallee mit grünen Wandfliesen entstand nach Plänen von Alfred Grenander. Er wurde am 21. Dezember 1930 eröffnet.

Im gotischen Stil mit stolzem Eckturm präsentiert sich das Wohn- und Geschäftshaus Walterstraße 18–19 (Karl-Marx-Straße 264/266) / Ecke Glasower Straße 1 wie ein altes englisches Schloss. Das zum Baudenkmal erklärte Gebäude ist 1900/01 nach Plänen des Architekten Hermann Siegenthaler errichtet worden. Die Walterstraße wurde am 18. April 1895 nach Willi Walter, einem Ortspolizisten und bis 1887 Ortsvorsteher der Gemeinde Britz benannt.

Das Gebäude steht noch heute in der Hermannstraße 139 / Ecke Juliusstraße. Die Bewohner haben sich auf ihren schön bepflanzten Balkonen und die Kinder links neben dem Hauseingang positioniert. Hier befanden sich 1907 das Familienrestaurant von Adolf Gedan und das Herrenmodengeschäft von Carl Schubert. Die Seitenstraße ist nach der Juliusburg, dem einst hier befindlichen Ruhesitz des Berliner Spirituosenfabrikanten Wilhelm August Julius Wrede, benannt, die die erste Rixdorfer Versammlungsstätte der SPD war.

Das heute noch vorhandene Wohnhaus Hermannstraße 144 / Ecke Glasower Straße wurde im Jahre 1908 erbaut, hier auf einem Foto von 1920. Dort befand sich seinerzeit die Hertha-Drogerie von Wladislaus Knuth, die auch medizinische Weine, Chemikalien aller Art, Firnis, Parfüm, Verbandstoffe, Farben und Seifen anbot. Bemerkenswert ist, dass der Name des Geschäfts von der eigentlichen Schreibweise der nahe gelegenen Hertastraße abweicht.

Blick von der Hermannstraße in die Glasower Straße im Jahre 1919. Links in der Hermannstraße 145 das Familienrestaurant des Gastwirts Isidor Zigan. Hier befand sich einst in einem Nachkriegsbau ein Postamt. Die um 1875 angelegte Glasower Straße wurde nach dem Dorf Glasow benannt, einem heutigen Ortsteil von Mahlow im brandenburgischen Landkreis Teltow-Fläming.

Die Hermannstraße mit der links einmündenden Delbrückstraße im Jahre 1914. Die Gegend wirkt, noch frei vom Verkehr, sehr idyllisch. Der rechts einmündende Mariendorfer Weg ist noch als Einfahrt gestaltet. Die Delbrückstraße bekam um 1875 ihren Namen zu Ehren des Berliner Politikers Rudolph von Delbrück (1817–1903), der sich als Mitbegründer des Deutschen Reichs 1871 verdient machte.

Blick von der Hermannstraße auf die evangelische Philipp-Melanchthon-Kirche, die mit dem Gemeindehaus nach Plänen des Architekten Fritz Gottlob in der Zeit von 1913 bis 1916 errichtet wurde. Dieses Foto entstand in den 1950er-Jahren, als hier entlang der Hertastraße noch die Straßenbahnlinie 15 zwischen Neukölln, Schulenburgpark und Marienfelde, Daimlerstraße verkehrte.

Blick von der Reinhold- / Ecke Bruno-Bauer-Straße auf den Kranoldplatz um 1910. Links ist der Turm der 1906/07 erbauten St.-Eduard-Kirche von August Kaufhold zu sehen. Benannt wurde der Kranoldplatz am 22. Mai 1897 zu Ehren des Staatsbeamten Viktor Ferdinand von Kranold (1838–1922), der im Eisenbahnwesen tätig war. Während seiner Amtszeit sind die Bahnstrecken nach Lichterfelde-Ost sowie der Bahnhof Hermannstraße gebaut worden.

Blick von der Knesebeckstraße (Silbersteinstraße) in die Bruno-Bauer-Straße anno 1915. Am 22. Mai 1897 wurde die Straße zu Ehren des Philosophen und Theologen Bruno Bauer (1809–1882) benannt. Er war Mitarbeiter der „Kreuzzeitung", leistete als Religionskritiker Hervorragendes und wohnte bei seinem Bruder in der Knesebeckstraße. Hier putzt gerade eine Frau die Scheiben und die Beschilderung der Schultheiß-Eckkneipe von Richard Richter.

Die Hertastraße / Ecke Knesebeckstraße (Silbersteinstraße) mit der 6. Volksschule (heute Silberstein-Grundschule) im Jahre 1916. Die davor liegende dreieckige Grünanlage erhielt am 1. September 1984 den Namen Eduard-Müller-Platz. Eduard Müller war Missionsvikar und Generalpräses katholischer Vereine in Berlin. Die Altbauten beidseits der Schule und die Dachlandschaft der Schule sind heute nicht mehr vorhanden.

In Verlängerung der Hertastraße befindet sich die 1912 erbaute Eisenkonstruktion der Hertabrücke, hier zu sehen im Jahre 1915, über die Bahngleise der Ringbahn und den Güterbahnhof der Rixdorf/ Neukölln-Mittenwalder-Eisenbahn zur Siegfriedstraße. Brücke und Straße wurden nach falscher Lesart von Hertha, der germanischen Göttin, benannt. Sie galt nach Tacitus in seiner „Germania" als Mutter der Erde.

Die Auslagen zeigen eine wunderschöne Auswahl von Gewächsen, die die Flora hervorbringt. Von duftenden Blumen bis hin zu immergrünen Sträuchern fand sich alles im Sortiment der Floristin Marie Strutzke in der Hermannstraße 124 / Ecke Mariendorfer Weg 1–2. Das Foto mit ihren Verkäuferinnen entstand um 1920. Rechts ist das Schaufenster der Zigarrengroßhandlung von Johann Sauer zu sehen.

Die heutige Hermann-Sander-Grundschule im Mariendorfer Weg 69 nahe der Hermannstraße wurde im Jahre 1907 errichtet, hier eine Aufnahme von 1909. Sie erhielt nach dem Zweiten Weltkrieg mehrere Erweiterungsbauten, hat eine Doppelsporthalle und drei Pausenhöfe, die thematisch nach Eurasien, Afrika und der Antarktis gestaltet sind. Benannt ist die Schule nach dem Rixdorfer Webereibesitzer, Kommunalpolitiker und Schöpfer des Namens Neukölln.

Auf den Gründer Markus Reich geht die 1873 gegründete israelische Taubstummenanstalt in Fürstenwalde zurück. Sie war eine Einrichtung zur Ausbildung gehörloser jüdischer Kinder. 1884 wurde der Verein Jedide Ilmim gegründet. Er zog 1888 in die Parkstraße 22 in Weißensee. Im Jahre 1927 errichtete sein Sohn Felix Reich eine Aufbauklasse in der Staatlichen Taubstummenanstalt zu Neukölln, am Mariendorfer Weg 47–60, hier um 1930.

Noch heute ist dieses Eckhaus an der Knesebeckstraße zur rechts verlaufenden Hermannstraße vorhanden. Die Knesebeckstraße wurde am 14. Februar 1950 zu Ehren des Mediziners und Kommunalpolitikers Raphael Silberstein (1873–1926) umbenannt. Er regte den Bau des Stadtbades Neukölln an. Hier an der Ecke Hermannstraße 116 befand sich um 1918 die Butterhandlung von Wilhelm Riesner, Inhaberin war dessen Ehefrau Anna, geborene Geßler.

Blick von der Siegfriedstraße um 1910, an der sich von 1910 bis 1973 auch ein zweiter Zugang befand, auf den am 1. Februar 1899 eröffneten Ringbahnhof Hermannstraße mit dem Empfangsgebäude an der Hermannstraßenbrücke. Südlich dieses Bahnhofes bestand seit 28. September 1900 ein weiterer Bahnsteig (rechts) für die Rixdorf/Neukölln-Mittenwalder-Eisenbahn. Der U-Bahnhof der Linie 8 wurde hier am 13. Juli 1996 eröffnet.

Diese Fotografie entstand auf dem Balkon des Hauses Siegfriedstraße 40 nahe Boberstraße um 1920. Der Nachwuchs der Familie des Mechanikers Henry Teifke ist hier zu sehen. Die an der Bahntrasse parallel verlaufende Straße wurde am 9. September 1899 nach dem germanischen Sagenheld Siegfried aus dem ersten Teil des Nibelungenliedes benannt. Er wird dort als kühne, arglose und unbesiegbare Figur dargestellt, die aber von Hagen hinterrücks getötet wurde.

Die Wirtsleute der Familie Heinrich Mewes, Beschäftigte und Gäste präsentieren sich hier vor der Gastwirtschaft in der Emser Straße 94–95 / Ecke Boberstraße 3 im Jahre 1915. Das Gebäude wurde im Zweiten Weltkrieg zerstört. Die sehr kurze Boberstraße zur Siegfriedstraße erhielt am 9. September 1899 nach einem linken Nebenfluss der Oder ihren Namen. Die Bober entspringt im Riesengebirge.

Vermutlich stehen hier Mutter, Ehefrau und die Kinder des Eigentümers Wilhelm Puhle im Eingang der Obst- und Gemüsehandlung in der Siegfriedstraße 25–26 / Ecke Hermannstraße 110–111 im Jahre 1915. Hier gab es auch Südfrüchte und Obstkonserven. Mit dem Wortlaut „Kaufet Maggi s Produkte“ wurde für Suppen-, Soßen-, Würz- und Fertigprodukte der heute noch bekannten Marke besonders Reklame gemacht.

Blick in die Emserstraße anno 1914. Am rechten Eckhaus Hermannstraße 160 warb die Stellenvermittlerin Hedwig Germer auf Reklametafeln um Arbeitspersonal. Der Zugang zur Agentur war in der Emser Straße 107. Gegenüber befand sich das Kaufhaus von Felix Richter. Diese Ansicht entstand im Kunstverlag von Alwin Adloff, dessen Geschäft für „Postkarten und Luxuspapier en gros" in der Hermannstraße 166–167 / Ecke Schierker Straße lag.

Blick in die nach einem Harzer Fluss benannte Ilsestraße nahe der Kreuzung Nogatstraße zur hinten sichtbaren Hertabrücke anno 1918. Noch heute gibt es die Kneipe „Ilse-Eck" an der Ilsestraße 25 und Nogatstraße. An der Ilsestraße 19–22 entstand 1928/29 die Wohnanlage Ilsenhof im Auftrag von Held & Franke für die Berliner Baugenossenschaft nach Plänen des Architekten Hans Kraffert im Stil des Neuen Bauens.

Die Nogatstraße wurde am 30. Oktober 1899 nach dem rechten östlichen und 160 Kilometer langen Mündungsarm der Weichsel, dem Nogat in Polen, benannt. Zu jener Zeit war hier eine rege Bautätigkeit. Viele der Gebäude zwischen der Hermannstraße (Aufnahme 1917) und der Kirchhofstraße sind so noch vorhanden. Nur die großzügige Straßenbreite ist kaum noch wahrzunehmen, da die Seiten mit vielen Fahrzeugen zugeparkt sind.

Das Wohn- und Geschäftshaus Hermannstraße 93–94 / Ecke Warthestraße 1–2 auf einem Foto von 1927. Hier befanden sich die Zigarrenhandlung Jordan & Co. GmbH (HOLCO), eine Filiale des Zeitungsverlages von Rudolf Mosse, die Schankwirtschaft von Max Koch, die Wild- und Geflügelhandlung Artur Rust und das Damenmodegeschäft von Robert Hirschwitz. Hauseigentümer war zu jener Zeit der Schuhwarenhändler Reinhard Wegner.

Zur Versorgung der Bevölkerung mit Trinkwasser wurde 1893/94 der von Hinze erbaute Wasserturm Neukölln in der Leykestraße 13–14 erbaut. Der heute noch vorhandene 40 Meter hohe Turm hat ein Fassungsvermögen von 2.500 Kubikmetern Wasser. Die Leykestraße erhielt ihren Namen zu Ehren des Kaufmanns und Rixdorfer Stadtrats Gustav Leyke (1851–1910). 1876 kam Leyke nach Rixdorf. Er wurde auf dem St.-Thomas-Kirchhof begraben.

Abschüssig verläuft die Steinmetzstraße (Kienitzer Straße) zur heutigen Karl-Marx-Straße. Auf der fast menschenleeren Straße sieht man im Jahre 1931 nur einen Hund. In der Lessingstraße 32 (Morusstraße) gab es den Kolonialwarenladen von Paul Röhrs. Interessant ist das einfache Straßenbahngleis. Durch die Enge der Straße gab es hier Richtungsverkehr. Entgegengesetzt fuhr die Bahn durch die Ziethenstraße (Werbellinstraße).

Die Steinmetzstraße wurde am 18. November 1877 benannt und auf dem Gebiet der Rollberge zügig bebaut. Am 14. Februar 1950 erhielt sie den Namen Kienitzer Straße nach einem Ort in Brandenburg im Landkreis Märkisch-Oderland. Der Blick schweift von der Hermannstraße in Richtung Falkstraße anno 1928. Nur die links zu sehende Bebauung ist heute noch erhalten. In weiten Bereichen ist hier die Straße nur noch ein Fußgängerweg.

Blick von der Briesestraße hinüber zur noch sehr idyllisch wirkenden Hermannstraße im Jahre 1902. Seinerzeit befand sich in der Hermannstraße 53 / Ecke Herrfurthstraße das Geschäft des Schlächtermeisters Hugo Seltmann. Er war auch gerichtlicher Sachverständiger am Landgericht II (zuständig für das südliche Berlin im Dienstgebäude Möckernstraße / Ecke Hallesches Ufer) für das Schlächtereigewerbe und die Wurstproduktion.

In der Ziethenstraße 15 (heute Werbellinstraße 32) befand sich die Landeskirchliche Gemeinde des Hauses Gotteshilfe innerhalb der evangelischen Gemeinschaft. Das Bild zeigt den Großen Saal um 1920, wo auch Prediger Emil Semmel Andachten abhielt. Hier waren die Einrichtungen des Christlichen Jugendvereins, eine Diakonissenstation, eine Krankenpflegeanstalt, der Enthaltsamkeitsverein zum blauen Kreuz und ein Jungfrauenverein untergebracht.

Die Lessingstraße im alten Rollbergviertel wurde am 14. Februar 1950 nach dem englischen Politiker und Philosophen Thomas Morus (1478–1535) in Morusstraße umbenannt. Das Foto entstand 1953 von der Kienitzer Straße her in Richtung Rollbergstraße. Das gesamte Quartier ist im Rahmen einer neuen Stadtplanung planiert und mit neuen Wohnbauten und mehr Grün aufgelockert worden.

Verschont vom Abriss, steht heute noch dieses Gebäude an der Prinz-Handjery-Straße 54 (heute Briesestraße 71) / Ecke Falkstraße 7. Das Foto stammt von 1913. Seinerzeit führte die Schankwirtin Marie Krüger die Destillation. Die Falkstraße wurde nach dem Juristen Adalbert Falk (1827–1900) benannt, der unter Bismarck von 1872 bis 1879 preußischer Kulturminister war. Im „Kulturkampf" engagierte er sich gegen den Einfluss der katholischen Kirche.

Blick im Jahre 1914 von der Hermannstraße in die Ziethenstraße. Die vor 1877 angelegte Straße wurde nach den Teltower Ortschaften Klein- und Groß-Ziethen benannt. Am 14. Februar 1950 erhielt sie den Namen Werbellinstraße, nach einem See und Ort in Brandenburg bei Eberswalde-Finow. Im rechten Geschäftshaus befanden sich seinerzeit das Olympia-Kino-Theater und das Restaurant „Neuköllner Hackepeter". Alle Gebäude sind heute nicht mehr vorhanden.

Das Schankgebäude der Kindl-Festsäle in der Hermannstraße 218 entstand nach Plänen von Friedrich Arthur Rohmer in den Jahren 1893/94. Architekt Heinrich Best nahm 1914 dort Umbauten vor. Hier sieht man eine Betriebsfeier von 1935, die in einem der Kindl-Festsäle stattfand. Fotograf Paul Heyder aus der Lichtenrader Straße 10 nahm die Gesellschaft auf. Die Gläser zeigen, dass ihr das frische Bier der Berliner-Kindl-Brauerei sehr mundete.

Um 1900 entstand diese Aufnahme vom schön gestalteten großen Festsaal mit Bühne des Gastwirts Willy Werneke in der Hermannstraße 49. Im Nachbarhaus Hermannstraße 48 entstand im zweiten Hinterhof in den Jahren 1904 bis 1905 das Fabrikgebäude „Hermannshof" mit seinen lichterfüllten Gewerberäumen. In der denkmalgeschützten Jugendstilanlage befinden sind heute Vereine, Wohngemeinschaften und Kunstprojekte.

Blick anno 1917 über den Boddinplatz in Richtung Hermannstraße. Links ist die einstige Städtische Realschule zu sehen, in der 1927 die Musikschule Neukölln gegründet wurde. Erwähnenswert sind der hier lehrende Komponist Paul Hindemith und die Gropiuslerchen, die mit dem Lied „Berlin, Berlin" 1987 einen Hit landeten. An der Boddinstraße befindet sich die Wohnanlage von Erich Köhn, die von 1904 bis 1906 erbaut wurde.

Blick von der Boddinstraße am Boddinplatz in die Mainzer Straße anno 1920. Hinter der Biebricher Straße knickt die Straße leicht rechts ab und verläuft bis Karl-Marx-Straße. Die Mainzer Straße wurde am 4. November 1898 nach der heutigen Landeshauptstadt von Rheinland-Pfalz, Mainz am Rhein, benannt. Links die Bauten des Beamten-Wohnungs-Vereins zu Berlin mit der Rustika-Werksteinverblendung im Erdgeschossbereich.

Am westlichen Ende der Leinestraße (28–36) entstand diese Wohnbebauung im Schillerviertel im Auftrag von Hans Streubel im Jahre 1930 mit teilweise zurückgesetzter Häuserfront in Höhe der gegenüberliegenden Lichtenrader Straße. Die Aufnahme entstand kurz nach der Fertigstellung. Bemerkenswert ist der an der Hauswand angebrachte Briefkasten. Die Leinestraße wurde am 30. Oktober 1899 nach dem linken Nebenfluss der Aller benannt.

Die Stadt Neukölln leistete sich auch eine eigene Baugewerkschule. Sie entstand in der Leinestraße 37 nach Plänen von Heinrich Best in den Jahren 1913 bis 1916. Hier sind Architekten, Bauzeichner und gestaltendes Personal ausgebildet worden. Man legte Wert darauf, statische Berechungen und Ornamentierungen verschiedenster Stilepochen zu unterrichten. Die Ingenieurschule für Bauwesen von der Schillerpromenade aus gesehen um 1930.

Imposant präsentiert sich 1922 das heute noch vorhandene Wohnhaus Schillerpromenade 25 / Ecke Okerstraße 35. Der Blick geht rechts in die südliche, ohne die breite Mittelinsel angelegte Schillerpromenade in Richtung Leinestraße. Das Gebäude mit seinen vielen Wohnungen wurde 1908 errichtet. Im Jahr der Aufnahme befanden sich hier fünf Geschäfte, u.a. am Eck die Destillation von Max Pöthke und das Milchgeschäft von Franz Döring.

Die Allerstraße von der Weisestraße in Richtung Oderstraße gesehen, um 1920. Die neu angepflanzten Bäume zeigen ihr erstes buschiges Kronengrün. Gleich ganze Straßenzüge wurden hier mit einfachen Fassadenornamenten und unterschiedlichen Dachlandschaften ab 1905 errichtet. An drei Ecken gab es hier Kneipen, nur an einer einen Kolonialwarenladen. Die Aller ist ein rechter Nebenfluss der Weser, dessen Name die Straße am 30. Oktober 1899 erhielt.

Blick um 1925 von der Steinmetzstraße (Kienitzer Straße) in die Weisestraße mit der heutigen Karl-Weise-Grundschule (links), die während des Ersten Weltkrieges als Kaserne des 7. Garde-Infanterie-Regiments genutzt wurde. Karl Weise (1813–1888) war Drechslermeister und Volksdichter. Er trug 1874 in Freienwalde sein „Loblied auf Rixdorf" im dortigen Handwerkerverein vor. Am 7. März 1894 erhielt die Straße seinen Namen.

Am Sonntag, dem 15. Juni 1930 entstand vor der Volksschule in der Schillerpromenade 34/35 dieses Foto anlässlich eines Umzugs der 1920 gegründeten sozialdemokratischen Freien Turnerschaft Groß-Berlin (FTGB), die 1933 von den Nationalsozialisten aufgelöst wurde. Gegenüber sind die Zwillingsmiethäuser Schillerpromenade 8 und 9 sowie das Eckhaus am Herrfurthplatz mit einstigem Fassadenschmuck zu sehen.

Das Viertel um die Schillerpromenade (heute Schillerkiez) mit dem 1893 benannten zentralen Herrfurthplatz, der einen Durchmesser von 100 Metern hat, wurde um 1900 vom Bürgermeister der Stadt Rixdorf, Hermann Boddin, als „Wohnquartier für Besserverdienende" konzipiert. Es sollte ein Gegenpol zur älteren Arbeitersiedlung auf den Rollbergen sein. Im Jahr 1914 ist die Genezarethkirche mit ihrem ursprünglich 62 Meter hohen Turm von der Weisestraße aus zu sehen.

Blick ins Innere der evangelischen Genezarethkirche mit Altar und Orgel in ihrem ursprünglichen Zustand. Das Gotteshaus wurde im neogotischen Stil vom Architekten Franz Schwechten mitten auf dem Herrfurthplatz errichtet und am 4. Juni 1905 geweiht. Der Turm büßte seine einstige Höhe und Schönheit wegen des benachbarten Flughafens 1939 ein. Im Zweiten Weltkrieg schwer getroffen, begann 1955 der Wiederaufbau, der am 20. September 1959 beendet wurde.

Das Gebäude Herrfurthplatz 6 / Ecke Herrfurthstraße 9–10 auf einem Foto von 1920. Hier befanden sich seinerzeit die „Kleine Markthalle“ vom Gemüsehändler Paul Junge sowie am Eck die „Gutenberg-Klause“ von Franz Wilhelm. Der Jurist und Berliner Politiker Ernst Ludwig Herrfurth (1830–1900) setzte sich bereits 1892 für die Eingemeindung der Berliner Vororte zu Berlin ein, was aber erst 20 Jahre nach seinem Tode vollzogen wurde.

Heute noch vorhanden ist das Wohnhaus Lichtenrader Straße 49 / Ecke Herrfurthstraße 23, hier auf einem Foto um 1920. Die parallel zur Schillerpromenade gelegene, rund 760 Meter lange Straße wurde am 7. März 1894 nach dem späteren Berliner Ortsteil Lichtenrade (einst Bezirk Tempelhof) benannt. An der Ecke befand sich ausnahmsweise keine Schankwirtschaft, sondern die Feine Brot-Kuchen-Bäckerei vom Meister Paul Husgen.

Die nördliche Schillerpromenade im Jahre 1913 mit Blick zum Herrfurthplatz. Im Haus Schillerpromenade 39 (ganz links) verbrachte der berühmte Schauspieler und Frauenschwarm Horst Buchholz (1933–2003) zunächst bei seiner Pflegemutter seine frühe Kindheit. Facettenreich waren seine Rollen als Hochstapler Felix Krull, jugendlicher Halbstarker Freddy Borchert, heißsporniger Revolverheld Chico und viele mehr.

Idyllisch wirken die vielen Balkonpflanzungen und die voll in Blüte stehenden Straßenbäume in der Mahlower Straße, hier der Blick von der Hermannstraße um 1910. Im Eckhaus befand sich seinerzeit die Restauration „Zum großen Topf" von Gastwirt Gustav Just. Die Mahlower Straße wurde am 7. März 1894 nach dem brandenburgischen Ort Mahlow bei Berlin im heutigen Landkreis Teltow-Fläming benannt.

Blick im April 1940 von der Hermannstraße in die Karlsgartenstraße in Richtung der heute 250 bis 300 Jahre alten Jahn-Eiche nahe der Fontanestraße. In der Bildmitte mündet rechts die Wissmannstraße ein. Am 27. November 1880 bekam die Karlsgartenstraße zu Ehren von Friedrich Karl Alexander, Prinz von Preußen (1801–1883), ihren Namen. Große Verdienste erwarb er sich bei der Verschönerung des einstigen „Gartens“ zur Parkanlage Hasenheide.

Noch heute zählt das Sommerbad Neukölln am Columbiadamm 160 zu den am meisten besuchten Schwimmstätten in Berlin. Sobald es warm wird, strömen die Neuköllner und Kreuzberger sowie Besucher aus anderen Bezirken zu Tausenden in ihr Columbiabad. Es wurde 1951 eröffnet.

Im Berliner Ephraim-Palais verstarb 1798 der ständige osmanische Gesandte am Berliner Hof, Ali Aziz Efendi. Aus diesem Grund stellte König Friedrich Wilhelm III. ein Areal der Tempelhofer Feldmark für ein islamisches Begräbnis zur Verfügung. Wegen des Baus der Kaserne an der Blücherstraße wurde der Begräbnisplatz 1866 zum heutigen Standort am Columbiadamm verlegt. Auf dieser Mondscheinkarte von 1901 sieht man den Obelisk mit der aufgesetzten goldenen Mondsichel auf dem türkischen Friedhof. Hier befindet sich heute auch die Sehitilik-Moschee.

Zur gleichen Zeit entstanden um den Südstern als Namenspendants zwei Garnisonkirchen für evangelische und katholische Gläubige, hier das römisch-katholische Gotteshaus in der Lilienthalstraße von August Menken, das im neoromanischen Stil errichtet und nach Johannes dem Täufer in St.-Johannes-Basilika umbenannt wurde. Es beherbergt heute die polnische Gemeinde. Neben der größten Kathedrale Berlins wurde 2001 ein Gebäude für die päpstliche Nuntiatur fertiggestellt. Hier war 2011 der deutsche Papst Benedikt XVI. bei seinem Berlin-Besuch untergebracht.

Die Straße Hasenheide wurde bereits um 1678 als Weg angelegt und 1854 als befestigte Chaussee ausgebaut. Der Name des 50 Hektar großen Parks geht auf die Nutzung des Terrains ab 1678 als Hasengehege zurück. Es war auch das Jagdgebiet des Großen Kurfürsten. Das Elisabeth-Kinderkrankenhaus am Rande der Hasenheide in einer Aufnahme von 1915. Die Bebauung an der Hasenheide nahe dem Südstern kam erst bei der Gebietsreform 1938 zu Neukölln.

Mit dem Turner-Wahlspruch „Frisch, frei, fröhlich, fromm – Das ist der Turner Reichtum!“ wurde Friedrich Ludwig Jahn (1778–1852) bekannt. Turnvater Jahn eröffnete in der Hasenheide am 19. Juni 1811 den ersten Turnplatz in Preußen. Das auf dem Bild von 1898 zu sehende Jahn-Denkmal von Bildhauer Erdmann Encke (1843–1896) aus dem Jahr 1872, am nördlichen Eingang des Parks aufgestellt, erinnert daran, dass hier die deutsche Turnbewegung begann.

Am Rande der Hasenheide (108–114), unweit des Hermannplatzes, entstand unter schattigen Bäumen ein Ausschank der Bergschloss-Brauerei, der unter dem Namen „Neue Welt" bekannt wurde. Diese noch sehr idyllische Ansicht mit dem prächtigen Eingangsportal und der schönen Umfriedung stammt aus dem Jahre 1904.

Für rund 2.000 Gäste wurde nach Plänen des Architekten A. Sonnenburg in den Jahren 1902/03 der Saalbau „Neue Welt" errichtet. Sonnenburg nahm 1910 noch weitere Umbauten zu einem Vergnügungspark vor. Der unter Denkmalschutz stehende Saalbau wird heute für Konzerveranstaltungen unter dem Namen „Huxley's Neue Welt" geführt. Die Aufnahme entstand 1932.

2

BRITZ

Auf einer kleinen Anhöhe gelegen, befindet sich die Dorfkirche Britz abseits des eigentlichen Ortskerns in einer geschützten Halbinsellage am Dorfteich. Das Feldsteingotteshaus stammt vermutlich aus der Zeit um 1300. Mehrere Umbauten wurden danach vorgenommen. 1713 bekam sie einen Dachturm aus Fachwerk mit spitzem Helm. Baumeister Carl Busse errichtete um 1889 den noch heute vorhandenen Westturm. Hier zu sehen mit Pfarrhaus im Jahre 1924.

Zu Ehren der in den Kriegen gefallenen Britzer Soldaten stand auf dem Dorfanger dieses Heldendenkmal mit Gedenkstein, versehen mit einem Adler. Mehrere Stelen umrahmten es, die jeweils mit einem Eisernen Kreuz und einer Kerzenschale geschmückt waren. Dieses Foto entstand vermutlich um 1935.

Diese Ansicht des Restaurants „Zum Gletscher“ entstand um 1925. Die Gaststätte mit ihrem schön begrünten Schankgarten befand sich in der Dorfstraße 17 (Alt-Britz) / Ecke Parkstraße (Fulhamer Allee). Inhaber Paul Dähn machte seinerzeit sicherlich heiße Stimmung für die Gäste in dem Restaurant mit dem ziemlich eisig klingenden Namen. Eigentümer dieses und der Nachbargrundstücke waren seinerzeit die Wrede'schen Erben.

Das im Volksmund so genannte Britzer Schloss in Alt-Britz 73 ist eigentlich ein Gutshaus, dessen erste Mauern von 1706 stammen. In seiner langen Geschichte kam es zu vielen Umbauten. Hier schweift der Blick im Jahre 1955 über den Schlossteich auf das Anwesen der Domäne Britz. In der Gutshofanlage ist heute das Museum Neukölln untergebracht. Im Kulturstall mit 300 Plätzen finden zahlreiche Veranstaltungen statt.

Die 1. Britzer Gemeindeschule am Britzer Damm entstand 1911/12 nach Plänen von Otto Kuhlmann mit einem, heute nicht mehr vorhandenen, Uhrenturm. Hinter der Schule befindet sich der Große Eckerpfuhl, der als einziger Feldpfuhl in Britz noch von Äckern umgeben ist. Durch seine tiefe Lage hat er eine stark abfallende Uferböschung mit einem Röhrichtgürtel. Bis 1932 nutzte die Späth'sche Baumschule das Ackerland.

Die heute noch vorhandene Stechan'sche Mühle, eher unter Britzer Mühle am Buckower Damm bekannt, wurde als Holländerwindmühle mit Galerie nach dem seltenen zwölfkantigen Typus mit zwei Mahlgängen von Johann Wilhelm Gottlob Dörfer in den Jahren 1865 bis 1866 errichtet. 1874 erwarb sie der Müllermeister Karl Albert August Stechan. Ursprünglich gab es sechs Windmühlen in der Gemarkung Britz.

Zwischen Alt-Britz und der Onkel-Bräsig-Straße befindet sich in der Grünanlage Akazienwäldchen der etwa 170 Meter langgestreckte Fennpfuhl. Im Volksmund wird er Ententeich genannt. Das Foto um 1935 zeigt die grüne Oase mit zahlreichen Enten und Schwänen im Fennpfuhl.

Südlich des Dorfes befand sich an der Mariendorfer Allee (seit 1960 Mohriner Allee) der Bahnhof Britz der Rixdorf- bzw. Neukölln-Mittenwalder-Eisenbahn-Gesellschaft. Zu sehen auf einer Ansichtskarte kurz nach der Eröffnung der Strecke am 28. September 1900. Diese als untergeordnete Eisenbahnstrecke errichtete Trasse diente vornehmlich dem Güterverkehr. Der Bahnhof Hermannstraße war von hier 4,3 Kilometer entfernt.

Neben dem Baumblütenfest wurde traditionell im Monat Juni auch das Rosenfest in Britz gefeiert. Viele Flächen um das Dorf herum wurden auch für den Anbau von Rosenstöcken genutzt. Hier die Rosenkulturen von Hugo Rucktäschel und seine Arbeiter im Jahre 1906. Der Gärtner wohnte seinerzeit im Hause Chausseestraße 118 (Britzer Damm) nahe Gradestraße.

Luftaufnahme der Chausseestraße, 1916. Links mittig ist der Gasthof „Lindenpark“ mit seinen ausgedehnten Hofanlagen zu sehen. Gastwirt war seinerzeit Gustav Hufenbeck. Die meisten Kolonistenhäuser wurden durch eine großstädtische Bebauung ersetzt. Die Straße nach Britz, seit 1906 Chausseestraße, verbindet die Kolonie Neu-Britz mit dem Dorf Britz und wurde nach der kurzzeitigen Umbenennung in Schmiedingenstraße am 1. April 1951 zum Britzer Damm.

Eine der belebtesten und verkehrsreichsten Kreuzungen ist der Britzer Damm mit den Straßenzügen Blaschkoallee und Gradestraße, hier in einer Aufnahme von 1929. Der Sorgeweg erhielt am 18. September 1911 den Namen Gradestraße. Hiermit wurde der Ingenieur und Flugpionier Hans Gustav Bernhard Grade (1879–1946) geehrt, der in Charlottenburg studiert hatte. Auch der Abschnitt bis zur Ullsteinstraße wurde später in die Gradestraße miteinbezogen.

Bereits ab 1910 gab es einen Straßenbahnbetriebshof in der Gradestraße. Der neue Betriebshof Britz entstand für die Große Berliner Straßenbahn Aktiengesellschaft nach Plänen von Jean Krämer in den Jahren 1925 bis 1926. Am 1. Januar 1929 wurden die Berliner Verkehrsbetriebe (BVG) gegründet, die auch diesen Hof übernahmen. Seit Einstellung des Straßenbahnverkehrs im Süden West-Berlins 1966 befindet sich hier ein Autobusbetriebshof.

Die Wohnanlage „Straßenbahner-Heim" wurde in Verbindung mit dem Straßenbahnhof Britz in den Jahren 1928 bis 1930 nach Plänen des Architekten Jean Krämer errichtet. Die dreigeschossigen Wohnblöcke mit großen Balkonen sollten den Beschäftigten Mußestunden in grüner Umgebung und einen kurzen Arbeitsweg bieten. Familienfreundlich wurden in den Innenbereichen auch Kinderspielplätze realisiert.

Zunehmend setzte man während des Zweiten Weltkrieges Frauen in typischen Männerberufen eingesetzt. Auf dem Foto von 1944 wurde die Schaffnerin Hedwig Wesruke vom Straßenbahnbetriebshof Britz in der Gradestraße in der Dienstuniform mit dem typischen Emblem jener Zeit an der Dienstmütze in einem Britzer Fotoatelier abgelichtet. Ein Muss waren auch der umgehängte Galoppwechsler sowie die Schaffnertasche.

Noch heute gibt es das Eckhaus mit seinem markanten Turm am Britzer Damm und der Pätzer Straße. 1910 befanden sich hier die Kolonialwarenhandlung von Gustav Koch, das Geschäft des Zigarettenfabrikanten Konrad Weber und das Britzer Postamt. Die einstige Wilhelmstraße wurde am 14. Februar 1950 nach der kleinen Ortschaft Pätz im Brandenburger Landkreis Dahme-Spree umbenannt.

Noch heute gibt es das um 1910 errichtete große Wohnhaus Chausseestraße 43 (heute Britzer Damm 107) mit dem schönen Giebel und den Jugendstilfresken nahe der Blaschkoallee, hier in einer Aufnahme von 1916. Im linken Nachbarhaus (Nr. 44) befand sich die Glaserei von Auguste Pilinski, die später hierher von der Chausseestraße 45 umzog. Seinerzeit fuhr durch die Chausseestraße die Straßenbahnlinie 21, hier zu sehen in Fahrtrichtung Rixdorf.

Die Aufnahme um 1910 zeigt das Kolonistenhaus in der Chausseestraße 45 (heute Britzer Damm 97) mit Bewohnern und Beschäftigten der Fouragehandlung von August Grabert, der Pferdefutter, wie Hafer, Heu und Stroh verkaufte. Hier befand sich auch die Glaserei der Witwe Auguste Pilinski, die dort auch Bilderrahmungen nach Maß vornahm. Das Gebäude ist heute nicht mehr vorhanden.

Für die aufstrebende Teltower Gemeinde entstand um 1890 in der Chausseestraße 48 (Britzer Damm 97) / Ecke Hannemannstraße das Rathaus Britz, um 1930. Rechts das Gebäude der Freiwilligen Feuerwehr Britz, das 1891/92 als eingeschossiger Ziegelbau mit vier Toren und einem 11,3 Meter hohen Steigeturm, vermutlich von Erich Tiedt, erbaut wurde. Bauliche Veränderungen u. a. durch Aufstockung erfolgten durch Hans Tiedt.

Das Schulhaus der 3. Gemeindeschule in der Hannemannstraße wurde 1896 errichtet und diente im Ersten Weltkrieg als Trainkaserne, hier in einer Aufnahme aus dieser Zeit. Zu Ehren des Ortschronisten und Kämmerers des Kreises Teltow Adolf Hannemann (1851–1936) wurde die Straße um 1906 nach ihm benannt. Besonders engagierte er sich für die vier Neuköllner Teltowdörfer. Links das noch eingeschossige Spritzenhaus der Britzer Feuerwehr.

Die Britzer „Löwenhäuser“ wurden um 1905 durch den Bauunternehmer Georg Behnke auf der einstigen Körnerschen Kiesgrube an der Hannemannstraße und Pintschallee errichtet. An der stumpfen Eckbebauung schuf er als Fassadenschmuck auf dem Giebel eine Löwenfigur (Bild von 1916). Aufgrund starker Verwitterungen wurde die Figur 1973 entfernt. Statt deren gibt es seit 2010 vor diesem Haus eine Löwendarstellung im Mosaikpflaster.

Die Baugenossenschaft Ideal wandte sich ab 1911 Britz zu. Auf der einstigen Körnerschen Kiesgrube zwischen Pintschallee, Hannemann-, Rungius- und Franz-Körner-Straße wurden bis 1919 bzw. 1926 Wohnungsbauten nach Plänen von Richard Deute, Bruno Paul und Karl Bückler als Kleinhaussiedlung in Kombination mit einer mehrgeschossigen Straßenrandbebauung verwirklicht. Hier die Rungiusstraße mit Eingang zum Muthesiushof, um 1914.

Dieses repräsentative Wohn- und Geschäftshaus mit dem „Rathaus-Café" am Britzer Damm / Ecke Buschrosensteig wurde 1932 fotografiert. Der Buschrosensteig wurde am 10. April 1931 nach einer weiß blühenden Pflanze benannt, die mit der Kletterrose verwandt ist. Vorher hieß sie Rochowstraße. Die bereits 1369 in einem Münzbrief erwähnte Gutsbesitzerfamilie von Rochow hatte mehrere Lehen im Teltower Land.

Diese Aufnahme entstand 1901 vor dem Portal zu Gustav Püschel's Gesellschaftshaus in der Chausseestraße 97. Das Gasthaus bot seine Festsäle und Vereinszimmer für Veranstaltungen an. Im Schankgarten konnten seinerzeit Familien sogar selbst Kaffee kochen, was für sie günstiger war. Somit konnten sich auch Menschen mit geringem Budget einen schönen Sonntag im „Jrünen" machen.

Durch den Bau des 38 Kilometer langen Teltowkanals in den Jahren 1900 bis 1906 wurden 55 Straßen- und Eisenbahnbrücken notwendig. Die meisten errichtete man als Stahlbrücken. Eine Ausnahme stellte die Chausseestraßenbrücke in Britz dar, eine Massivbrücke in Beton, hier um 1910. Die später benannte Friedrich-von-Moltke-Brücke sprengte die deutsche Wehrmacht im April 1945. Die neue Britzer Brücke entstand 1955/56.

Das Foto dieses Wohnhauses in der Chausseestraße 66/67 (Britzer Damm 49/51) am Teltowkanal entstand 1942. Am Eck gab es eine typische Schultheiß-Schankwirtschaft mit dem Namen „Bandoneon Klause". Namensgeber ist ein Musikinstrument, das von Heinrich Band 1848 als Handzuginstrument erschaffen worden war. Populär ist es heute als Tango-Instrument.

Diese historische Ansichtskarte wurde am 22. August 1900 versandt. Sie entstand als Werbekarte für das Restaurant „Rosensee-Terrasse“. Gastwirt Hermann Klos betrieb seinerzeit in der Chausseestraße 69/70 / Ecke Jahnstraße das Lokal „Neu-Britzer Rosensee“. Hinter dem Haus gab es an der Jahnstraße auch einen großen Schankgarten mit hölzernem Musikpavillon direkt am Rosensee. Zu jener Zeit hatte Britz (Kreis Teltow) 7.243 Einwohner.

Im „Harzer Viertel“ befindet sich die Lauterberger Straße, hier um 1930 zu sehen. Den Baublock Lauterberger Straße 14 und 14a gegenüber dem Friedrichsbrunner Platz errichtete der Architekt Franz Fedler Ende der 1920er-Jahre für den Kaufmann Franz Thielebein. Die Lauterberger Straße wurde am 18. September 1911 nach dem niedersächsischen Kurort im Harz, Bad Lauterberg, benannt.

Von 1910 bis 1913 befand sich in der Bürgerstraße 48–49, an der Ecke zu einer projektierten, aber nie gebauten Straße, das Restaurant von August Jänchen. Hier auf dem Foto der „Neu-Britzer-Krug“ mit den Gastwirtsleuten und ihrem Hund vor der Eingangstür. Viele Kinder der Straße hatten sich beidseits von ihnen in je einer Reihe positioniert. Bemerkenswert sind die wunderschönen Jugendstilverzierungen, die die Schilder an der Ecke umrahmen.

Die schön verstuckte Fassade des Hauses Bürgerstraße 57a nahe Rungiusstraße im Jahre 1907. Hier befanden sich seinerzeit das Buttergeschäft des Kaufmanns Karl Richter und die Frühbeetfensterfabrik von Paul Kuppler, der Eigentümer des Hauses war. Paul Kuppler war auch mit Eisenkonstruktionen und Warmwasseranlagen beschäftigt. Beachtenswert ist die schmiedeeiserne elektrische Straßenlampe an einem Mast vor der Tordurchfahrt.

Blick in die Werderstraße mit ihrer lockeren Bebauung in Höhe der Rungiusstraße anno 1912. Die nach dem Militär August Graf von Werder (1808–1887) benannte Straße erhielt 1955 den Namen Wederstraße nach dem Buchbinder Carl Weder (1810–1914), einem Mitbegründer der Kolonie Neu-Britz. Namensgeber der Rungiusstraße war der lutherische Theologe Gotthelf Gustav Heinrich Rungius (1833–1922), der 1862 Superintendent in Britz wurde.

In der Bildmitte mündet die Werderstraße (heute Wederstraße) in die Rudower Straße (heute Buschkrugallee), hier im Jahre 1924. In der Werderstraße waren einst viele Bäcker ansässig, die das beliebte Britzer Landbrot buken. Die Gebäude zwischen Weder- und Bürgerstraße wurden zugunsten des Autobahnbaus abgebrochen. Die Eröffnung des davor befindlichen Britzer Tunnels mit dem darüber liegenden Carl-Weder-Park an der Britzkestraße war im Juli 2000.

Die Straße 71 des Britzer Bebauungsplans erhielt bereits vor 1899 den Namen Bürgerstraße. Der Begriff Bürger kommt aus dem Althochdeutschen und bezeichnet ursprünglich Bewohner einer Burg bzw. Stadt, die über Grundbesitz verfügten sowie den Bürgereid leisteten. Das Foto entstand um 1935 mit der Kneipe „Bürgereck" an der Bürgerstraße / Ecke Buschkrugallee (einst Rudower Straße). Schankwirt war seinerzeit Felix Moldenhauer.

Die Pumpstation Britz in der Späthstraße 28 wurde in den Jahren 1904/05 errichtet. Ein Jahr später entstand diese Ansicht mit dem Beamtenwohnhaus, dem Maschinen- und Kesselhaus. Vom Hebewerk wurden seinerzeit die Abwässer nach Vorreinigung auf die Rieselfelder gepumpt. Die Späthstraße erhielt ihren Namen am 3. August 1903 nach dem Gärtnereibesitzer und Kommunalpolitiker Franz Ludwig Späth (1830–1913).

Der erstmals 1375 erwähnte Gasthof „Buschkrug“ stand an der Rudower Straße 51 / Ecke Späthstraße. Die Schankwirtschaft erhielt später noch einen Biergarten und einen Festsaalanbau. Die Rudower Straße und die Rudower Allee wurden am 31. Juli 1947 in Buschkrugallee umbenannt. Für die Verbreiterung der Späthstraße, als Zubringer zur Autobahn A113, musste der „Buschkrug“ von seinem traditionellen Ort weichen.

An der Blaschkoallee 32 entstand, von der Straßenfront zurückgesetzt, das Kreiskrankenhaus Teltow in Britz. Es entstand in den Jahren 1894 bis 1896 aus Rotklinkersteinen nach Plänen von Schmieden & Speer im Auftrag des Landkreises Teltow. Erst 1924 wurde es zum städtischen Krankenhaus. In den beiden Flügelbereichen befanden sich getrennt die Abteilungen für Frauen und Männer, hier zu sehen der westliche Trakt für die Damen anno 1918.

Hier schweift der Blick in den Hof des Krankenhauses Britz mit einem separaten Stationshaus für Lungenkranke, den Wirtschaftsgebäuden und dem Dampfmaschinenhaus anno 1906. Die Blaschkoallee erhielt ihren Namen nach dem Mediziner Alfred Blaschko (1858–1922), der 1880 in Berlin promovierte. Seit 1883 wirkte er als praktischer Arzt und war erster Generalsekretär der 1902 gegründeten Gesellschaft zur Bekämpfung von Geschlechtskrankheiten.

Auch schon in früher Zeit konnten sich begüterte Personen privat krankenversichern lassen. Auf dem Gelände des Kreiskrankenhauses Teltow in Britz gab es eigens diesen Pavillon für Privatkranke mit großzügigen Veranden, um die Krankenräume verlassen zu können und die gute Luft zu genießen. Diese Aufnahme entstand im Jahre 1914.

Anders als im Pavillon für Privatkranke war es auf den normalen Stationen. Hier sieht man den 9. Krankensaal für Männer mit unzähligen Betten im östlichen Flügel des Hauptgebäudes im Kreiskrankenhaus Teltow in Britz um 1920. Hinter den Fußenden der Betten befand sich jeweils ein Stuhl, der Besuchern Platz bot. Für das Seelenheil gab es eine Kapelle unter dem Turm des Hauptgebäudes.

Die smart lächelnde Schwester des Britzer Krankenhauses in Dienstkleidung mit Haube wurde im August 1917 am medizinischen Geräteschrank fotografiert. Links sieht man Handwaschbecken mit Hebelarmaturen, die mit Überputzanschlüssen für warmes und kaltes Wasser betrieben wurden.

Nach der Geburtsstadt des Schriftstellers Fritz Reuter (1810–1874) im Landkreis Demmin (Mecklenburg-Vorpommern) wurde die Stavenhagener Straße am 30. November 1926 benannt. Ursprünglich sollte die Britzer Hufeisensiedlung seinen Namen (Fritz-Reuter-Stadt) tragen. Viele Straßen wurden hier nach Figuren und Mythen aus seinen mundartlich verfassten Romanen benannt.

Seit 1953 zieht es tausende Berliner zum Baumblütenfest nach Britz. Um den Festplatz an der Fulhamer Allee (1955 benannt nach einem heutigen westlichen Stadtteil von London) schlendern sie durch die Straßen der Hufeisensiedlung, in der die Kirsch- und Apfelbäume voll in Blüte stehen, hier die Stavenhagener / Ecke Onkel-Bräsig-Straße um 1960. Die Figur des Onkel Bräsig entstammt dem Fritz-Reuter-Roman „Ut mine Stromtid".

Nördlich des Hufeisens zwischen Lowise-Reuter-Ring und Stavenhagener Straße befindet sich die Liningstraße, hier in einer Aufnahme um 1930. Umbenannt wurde die Straße 195 des Bebauungsplans am 9. Februar 1927 nach der Tochter Lining des Gutspächters Jochen Nüßler aus dem Roman von Fritz Reuter „Ut mine Stromtid". Das Epos erschien in drei Bänden in den Jahren 1862 bis 1864 in Wismar.

Die Fritz-Reuter-Allee ist die zentrale Nord-Süd-Hauptachse durch die Hufeisensiedlung, unter der auch die U-Bahn verläuft. Die südliche Verlängerung bis zur Gutschmidtstraße wurde am 24. Mai 1958 miteinbezogen. Der Kaufmann, Gewerkschaftsbeamte und SPD-Politiker Franz Gutschmidt (1874–1951) war Mitbegründer der Gemeinnützigen Wohnungsbau Genossenschaft (GEHAG). Links der Lowise-Reuter-Ring, benannt nach der Ehefrau des Dichters.

Der im Volksmund als „Rote Front“ bzw. „Chinesische Mauer“ bezeichnete langgestreckte Wohnkomplex mit 32 gleichen Hauseinheiten und der roten Fassade westlich der Fritz-Reuter-Allee stammt mit seinem wehrhaften Charakter und den wehrturmartig hervortretenden Treppenhäusern vom Architekten Bruno Taut. Das Foto entstand in den 1930er-Jahren. Den Zweiten Weltkrieg hat die Hufeisensiedlung größtenteils unbeschadet überstanden.

Auf dem Terrain des Britzer Rittergutes entstand in den Jahren 1925 bis 1931 die Fritz-Reuter-Stadt, bekannt als Hufeisensiedlung, nach Plänen der Architekten Martin Wagner und Bruno Taut. Der Hufeisenwohnkomplex ist nach Osten hin geöffnet. Um den Hufeisenteich befinden sich gleiche Wohnungsschnitte mit Loggien und geneigtem Flachdach, das zum Lowise-Reuter-Ring hin abfällt. Diese neue Dachkonstruktion war erstmalig in Berlin.

Westlich des Hufeisens wurde ein begrünter rhombusförmiger Platz angelegt und mit 38 Reihenhäusern in drei Wohnblöcken bebaut. Am 18. Februar 1927 bekam er den Namen Hüsung. Die Benennung entstammt einem Versepos von Fritz Reuter, das 1858 in Greifswald erschien. „De Hüsung" war das Niederlassungsrecht eines Gutsherrn, welches Landarbeiter und Tagelöhner bei der Heirat benötigten.

Blick vom Hüsung auf die heutige Fritz-Karsen-Schule in der Onkel-Bräsig-Straße 76/78, um 1940. Architekt und ab 1949 Berliner Stadtbaudirektor Karl Bonatz (1882–1951) errichtete das Gebäude von 1934 bis 1939. Auf dem Brunnenpodest befanden sich einst vier tanzende Kinderfiguren. Die 1948 gegründete und 1949 hier eingezogene 37. und 38. Gemeindeschule erhielt ihren Namen 1956 nach dem Schulreformer Fritz Karsen.

Die Hanne Nüte ist eine Figur aus dem Versepos „Hanne Nüte un de lütte Pudel“, einer Vogel- und Menschengeschichte von Fritz Reuter. Im Epos von 1860 werden die Erlebnisse von Johann Schnut alias Hanne Nüte erzählt, der als Schmiedegeselle auf Wanderschaft geht. Hier der Blick im Jahre 1928 von der Fritz-Reuter-Allee in Richtung Havermannstraße, in die Hanne Nüte, die am 9. Februar 1927 benannt wurde.

Dieses Foto entstand 1927 kurz nach der Fertigstellung der Siedlung an der Dürtenstraße. Dürten ist eine sehr tüchtige Haushälterin in dem Roman „Dörchläuchting“ aus dem Jahr 1866 von Fritz Reuter. Hier schweift der Blick zwischen den beiden Reihenhäuserblöcken mit je sechs Wohnungen über den Krugpfuhl auf die Rückseite eines Hauses in der Fritz-Reuter-Allee.

Traditionell findet man in Berlin die sogenannten Schwengelpumpen, die Grundwasser aus maximal acht Meter Tiefe per Kolbenhub nach oben ziehen. Sie dienen der Bevölkerung als Wassernotbrunnen. Hier wurde um 1965 ein Junge an einer solchen Straßenpumpe fotografiert. Im Hintergrund sieht man ein Zugangsgebäude des am 28. September 1963 eröffneten U-Bahnhofs Parchimer Allee.

Kurz nach Fertigstellung der Reihenhäuser in der Jochen-Nüßler-Straße entstand dieses Foto in Blickrichtung des Hufeisens mit dem noch zarten Grün und fehlenden Straßenbäumen. Die Reuter-Romanfigur Jochen Nüßler ist der Gutspächter und Schwager von Inspektor Karl Hawermann (auch Havermann) in „Ut mine Stromtid“.

Ein Blick in den 1930er-Jahren aus luftiger Höhe auf das Rund des Hufeisens und die darum gelegenen Bauten. Unten rechts sieht man u. a. die dreieckige geschlossene Blockrandbebauung – eine Erweiterung durch Paul Engelmann und Emil Fangmeier – an Buschkrugallee, Parchimer Allee und Grüner Weg. Eindrucksvoll ist, dass die gesamte Britzer Neubausiedlung sehr unterschiedliche und abwechslungsreiche Bauformen mit viel Grün hervorgebracht hat.

Die 1927 benannte Moses-Löwenthal-Straße heißt seit 21. Oktober 1933 Paster-Behrends-Straße. Die Figur des Moses Löwenthal stammt wie Paster Behrends aus dem dreibändigen Roman „Ut mine Stromtid“, von Fritz Reuter 1862 bis 1864 in Wismar geschrieben, der den Machthabern seinerzeit aber zu jüdisch war. Das Bild zeigt die neuerliche Bebauung mit Wohnkuben und dazwischen liegenden Doppelloggien südlich der Parchimer Allee.

Die evangelische Hephata-Kirche in der Fritz-Reuter-Allee 136 wurde 1955 geweiht. Zur Zeit der Errichtung umgaben sie noch Kornfelder. Die neuen Wohnbauten und Parkanlagen um das Gotteshaus entstanden erst später. Das Gemeindegebiet reicht bis in die Hufeisensiedlung. Der Reformator Martin Luther übersetzte Hephata aus dem Markus-Evangelium 7,32-36 mit den Worten: „Tu dich auf".

Nahe der Rudower Gemarkungsgrenze an der Johannisthaler Chaussee im Kleiberweg 3 befindet sich das Vereinsschwimmbad Neukölln. Im Sportbad Britz ist heute die Schwimm-Gemeinschaft-Neukölln (SGN) ansässig, die mit etwa 4.700 Mitgliedern der größte Schwimmverein Berlins ist und schon viele Olympiasieger/innen, z. B. Britta Steffen, hervorbrachte. Das Foto mit den Schwimmbegeisterten entstand im Sommer 1966.

3

BUCKOW UND DIE GROPIUSSTADT

Hier schweift der Blick im Jahre 1924 über den idyllischen Buckower Dorfteich auf die aus dem Ende des 13. Jahrhunderts stammende Dorfkirche. Das mittelalterliche Gotteshaus wurde aus märkischen Feldsteinen errichtet und befindet sich heute fast noch im ursprünglichen Zustand. Am Saalbau steht der Westturm mit vier Glocken. Die „Vaterunserglocke" vom Beginn des 13. Jahrhunderts gilt als die älteste Glocke Berlins.

Noch heute existiert das Denkmal vor der Dorfkirche. Es wurde zum Gedenken an die 34 gefallenen Bewohner Buckows nach dem Ende des Ersten Weltkriegs aufgestellt, hier in einer Aufnahme um 1930. Später ergänzte man die Inschrift für die 24 Toten des Zweiten Weltkrieges. Sie lautet „Neige Dein Haupt in Erfurcht vor den Gefallenen der beiden Kriege (1914–1918 und 1939–1945)". Die Kriegsgräber befinden sich vornehmlich an der Mauer des Kirchhofs.

Idyllisch präsentiert sich hier die Dorfpartie mit Teich, Bauernhäusern und Dorfkirche im Jahre 1929. Einige der Wohnhäuser mit ihren Nebengebäuden wurden um 1780 erbaut. An der Dorfanlage kamen aber auch noch einige um 1850 dazu. Viele dieser Gebäude aus den unterschiedlichsten Epochen stehen heute unter Denkmalschutz und bilden mit der Dorfkirche ein einmaliges Ensemble.

Das Wohngebiet um den Quarzweg wird als Neu-Buckow bezeichnet, da es erst ab 1950 auf den einstigen westlichen Buckower Feldern erst errichtet wurde. Die aufgelockerte Bebauung mit ihren Reihen- und niedrigen Mehrfamilienhäusern liegt in grüner Umgebung und ist von Licht durchflutet. Hier eine Ansichtskarte, die im Jahre 1959 lief, mit verschiedenen Motiven der Bebauung und der Ladenzeile in Buckow-West (heute Buckow 1).

Nach dem Vorbild der Bauten von Ludwig Hoffmann entstand nach Plänen von Reinhold Kiehl von 1902 bis 1910 das Krankenhaus der Stadt Rixdorf (Neukölln) in Buckow (Ost) an der Rudower Chaussee. Die meisten Gebäude in ihrem neobarocken und neoklassizistischen Stil wurden bereits am 24. Oktober 1909 eröffnet. Rechts auf dem Bild von 1917 das große Operationsgebäude und links davon der Verwaltungsbau mit der Rampenauffahrt.

Luftaufnahme des Krankenhauses Neukölln in Blickrichtung Südwest mit dem Garten und den darum angeordneten Pavillonstationen mit den Krankensälen. Hier sieht man, wie wenig die Gegend seinerzeit bebaut war. Viel Grün und gute Landluft waren ausschlaggebend für den Standort. So konnten Kranke unter besten Bedingungen wieder gesunden. Der 1986 eröffnete Neubau an der Zadekstraße stammt von den Architekten Kleihues und Koenig.

Die Gropiusstadt um den Otto-Wels-Ring entstand ab 1962, hier zu sehen mit dem Höltermannsteig in Blickrichtung Fritz-Erler-Allee anno 1974. Otto Wels (1873–1939) war SPD-Politiker und von 1920 bis 1933 Mitglied des Reichstags. Sein Parteikollege war Karl Höltermann (1894–1955). Beide waren Mitbegründer des Reichsbanners „Schwarz-Rot-Gold“, das in der Weimarer Zeit ein sozialdemokratisches Bündnis zum Schutz der Republik war.

Nahe der U-Bahn-Station Wutzkyallee befindet sich in der Fritz-Erler-Allee 120 das höchste Wohnhaus Berlins. Mit 30 Wohnetagen ist es 89 Meter hoch. Es wurde von 1966 bis 1969 von der Baugenossenschaft Ideal mit 228 Wohneinheiten und drei Aufzügen errichtet. Einmal jährlich findet hier am ersten Sonntag nach Neujahr der „Tower Run" statt, veranstaltet vom Turn- und Sportverein Neukölln 1895, wobei Läufer die 465 Stufen in kürzester Zeit erklimmen.

Blick vom Hochhaus am Einkaufszentrum Wutzkyallee im Jahre 1968. An den U-Bahnhöfen in der Gropiusstadt wurden zentrale Einkaufsmöglichkeiten des täglichen Bedarfs mit großen Lebensmittelgeschäften, aber auch Kleingewerbe berücksichtigt. Hier am U-Bahnhof Wutzkyallee findet noch heute am Dienstag und Samstag ein Wochenmarkt statt. Emil Wutzky (1871–1963) war Schriftsetzer und nach 1945 Neuköllner Kommunalpolitiker.

Die Jungfernmühle kam erst nach 1872 in die heutige Gropiusstadt an die Goldammerstraße 34. Die Aufnahme entstand um 1960, als hier noch Korn gemahlen wurde. Der holländische Zimmermann Adrian den Oudem, seinerzeit wohnhaft in Potsdam, erbaute sie um 1757 neben dem dortigen Nauener Tor. Eine Umsetzung zu den Rixdorfer Rollbergen erfolgte um 1860, dann nach Buckow (Wienecke'sche Mühle). Heute befindet sich hier ein Restaurant.

Nahe dem U-Bahnhof Zwickauer Damm liegen diese Hochhäuser der Gropiusstadt am Agnes-Straub-Weg, hier der Blick von der Fritz-Erler-Allee um 1970. Die 1890 in München geborene Schauspielerin Agnes Straub kam 1918 nach Berlin und wirkte hier an verschiedenen Bühnen, u. a. am Deutschen Theater. Sie gründete 1935/36 das Agnes-Straub-Theater, das im „Theater am Kurfürstendamm" beheimatet war, und verstarb 1941 in Berlin.

4

RUDOW

Die Dorfkirche Rudow stammt aus der zweiten Hälfte des 13. Jahrhunderts. Ursprünglich war sie ein einfacher Saalbau aus Feldsteinen mit einem spitzbogigen Westportal. Den hölzernen Dachturm von 1653 ersetzte man 1713 durch einen Steinturm. Die Kanzel wurde 1720 eingebaut. 1848 wurde das evangelische Gotteshaus erneuert und die Feldsteine freigelegt. Das kreuzende Querschiff und die Erhöhung des Turmes um vier Meter erfolgten 1909.

Das Grundstück Kaiser-Wilhelm-Straße 10 (Alt-Rudow 46) erwarb Fräulein Maria Sarge auf Anregung des Geistlichen Rats Eduard Müller am 4. Juli 1883 vom Milchzüchter Carl Reine. Darauf wurde 1884 die katholische Kapelle „St. Joseph" als Betsaal ohne Glockenturm errichtet. Der Dachreiter mit der Glocke kam erst 1929 hinzu. Nach dem Zweiten Weltkrieg erfolgte der Abbruch des Gotteshauses, das man durch ein Gemeindezentrum ersetzte.

Dörfliche Idylle auf der Neuköllner Straße anno 1936. Modern wirkt nur die Straßenbahn der Linie 47 in Fahrtrichtung zur Endstation Rudow. Das Dorf bekam erst 1913 einen Straßenbahnanschluss von Rixdorf aus, der bis 1966 bestand. Nördlichste Endstation war Niederschönhausen (Nordend). Vielleicht nahm Bolle zu Pfingsten diese Verbindung mit Ziel in Pankow, wie der berühmte Gassenhauer verlauten lässt. Sicherlich hat er sich dort mächtig amüsiert.

Von 1846 bis 1890 betrieb die Gemeinde Rudow an der Bahnhofstraße (seit 1963 Groß-Ziethener Chaussee) eine Kiesgrube. Für 3.000 Goldmark erwarb der Kolonialwarenhändler Julius Schultz das Areal und eröffnete 1899 dort sein Gartenrestaurant „Juliuspark". Um 1920 war Franz Henning Pächter. Das Restaurant „Volkspark Rudow" bestand hier von 1947 bis zum Abriss 1957. Danach entstanden an der neuen Straßenkreuzung „Rudower Spinne" Wohnbauten.

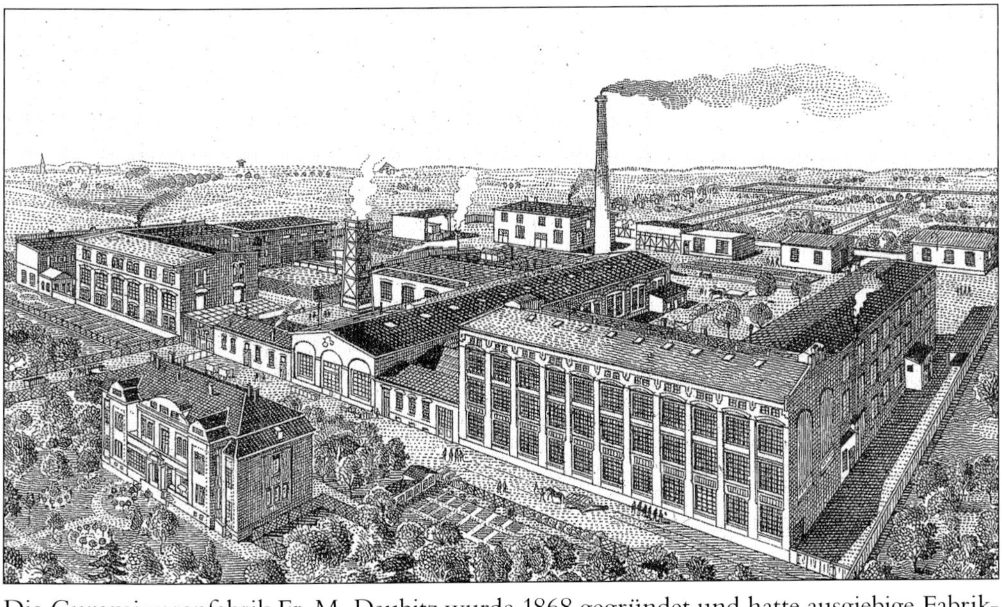

Die Gummiwarenfabrik Fr. M. Daubitz wurde 1868 gegründet und hatte ausgiebige Fabrikanlagen in der Köpenicker Straße 82a. In der Kopfstraße 48 in Neukölln befand sich die Niederlassung des Unternehmens für Groß-Berlin. Max Daubitz und sein Sohn Franz, als Nachfolger, produzierten in Rudow chirurgische Waren und Krankenpflegeartikel. Das Bild entstammt einem Firmenbriefkopf aus dem Jahre 1928.